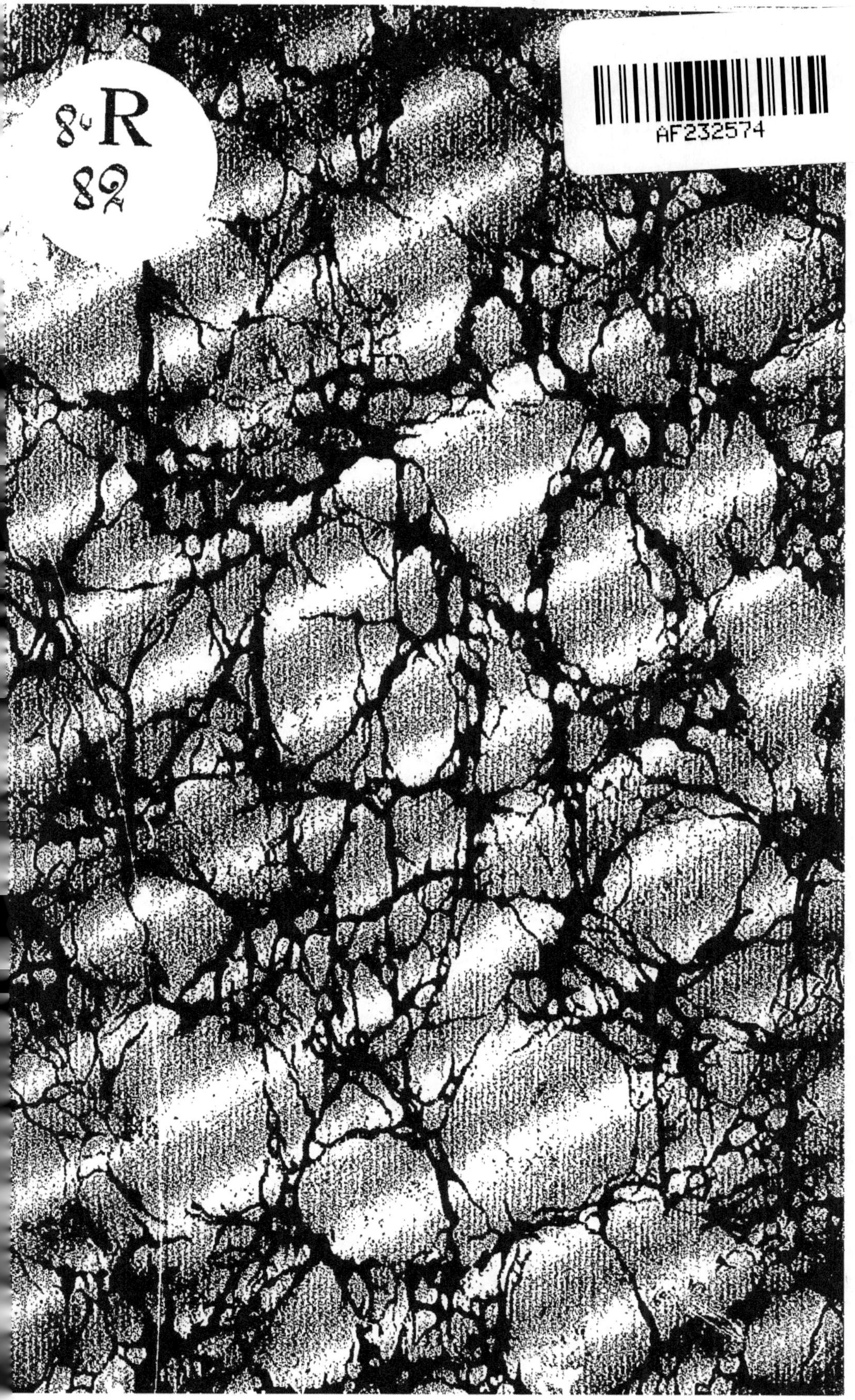

L'ÉTAT ACTUEL

DE LA

QUESTION DES ENFANTS ASSISTÉS

A PROPOS DE LA RÉCENTE LOI

SUR LA

PROTECTION DES ENFANTS DU PREMIER AGE

PAR

EMILE LAURENT

ANCIEN PRÉFET, ANCIEN SECRÉTAIRE GÉNÉRAL DE LA SEINE,

CORRESPONDANT DE L'INSTITUT

* * *

PARIS

GUILLAUMIN ET Cᵉ, ÉDITEURS

du Journal des Économistes, de la Collection des principaux Économistes, du Dictionnaire
de l'Économie politique, le Dictionnaire universel du Commerce et de la Navigation, etc.

14, RUE RICHELIEU, 14

ET

ALPHONSE PICARD, LIBRAIRE

82, RUE BONAPARTE, 82

1876

L'ETAT ACTUEL

DE LA

QUESTION DES ENFANTS ASSISTÉS

A PROPOS DE LA RÉCENTE LOI

SUR LA

PROTECTION DES ENFANTS DU PREMIER AGE.

—

EXTRAIT DU COMPTE-RENDU

De l'Académie des Sciences morales et politiques,

RÉDIGÉ PAR M. Ch. VERGÉ

Sous la direction de M. le Secrétaire perpétuel de l'Académie.

—

L'ÉTAT ACTUEL

DE LA

QUESTION DES ENFANTS ASSISTÉS

A PROPOS DE LA RÉCENTE LOI

SUR LA

PROTECTION DES ENFANTS DU PREMIER AGE

PAR

EMILE LAURENT

ANCIEN PRÉFET, ANCIEN SECRÉTAIRE GÉNÉRAL DE LA SEINE,

CORRESPONDANT DE L'INSTITUT

PARIS

GUILLAUMIN ET C⁰, ÉDITEURS

du Journal des Économistes, de la Collection des principaux Économistes, du Dictionnaire
de l'Économie politique, du Dictionnaire universel du Commerce et de la Navigation, etc.

14, RUE RICHELIEU, 14

ET

ALPHONSE PICARD, LIBRAIRE

82, RUE BONAPARTE, 82

1876

L'ETAT ACTUEL

DE LA

QUESTION DES ENFANTS ASSISTÉS

A PROPOS DE LA RÉCENTE LOI

SUR LA

PROTECTION DES ENFANTS DU PREMIER AGE.

La question des enfants assistés ne soulève plus aujourd'hui les discussions passionnées qu'elle suscitait il y a vingt-cinq ou trente ans, lorsque les publicistes, le législateur, l'administration l debattaient à l'envi devant l'opinion publique. Les eux écoles contraires qui semblent procéder sur ce point, l'une, surtout du sentiment du devoir, de la responsabilité personnelle, des intérêts généraux de la société; l'autre, des inspirations d'une charité plus exclusivement préoccupée de la souffrance individuelle, ces deux écoles qui, pour des raisons profondes, n'arriveront probablement jamais à une entente, paraissent, tout au moins quant au débat public, avoir conclu une sorte de trève. Le régime des secours temporaires destiné à prévenir ou à faire cesser l'abandon de l'enfant, a été, dans la pratique et dans les tendances administratives, substitué au régime des tours, tel qu'il résultait de la législation de 1811. L'hospice des enfants assistés subsiste, l'admission des enfants abandonnés subsiste, mais l'admission à l'hospice n'est plus libre, absolue, dispensée de toute justification. Les uns approuvent cette innovation considérable, les autres la blâment. Tous reconnaissent la difficulté d'une législation nouvelle. L'inanité des nombreuses tentatives effectuées jusqu'ici dans le but d'une révision ou d'une refonte, est, en effet, patente. En 1849, une commission, nommée par l'administration, se livra à une longue enquête et prépara un projet de loi : il ne fut pas présenté.

En 1850, la commission de l'assistance publique soumit à l'Assemblée législative un autre projet; il fut examiné par le Conseil d'État et ne fut pas discuté par la Chambre.

En 1853, un nouveau projet fut présenté au Corps législatif; il avait été adopté par la commission et le Conseil d'État; il fut retiré. Même échec en 1856, pour une commission du Sénat chargée d'examiner une nouvelle proposition de loi. Les difficultés exceptionnelles de la tâche ressortent de ces divers insuccès.

Quoi qu'il en soit, si le législateur paraît avoir renoncé, pour un temps plus ou moins long, à aborder cette laborieuse étude (1), et si, pour diverses raisons, la question de principe est quelque peu sortie du domaine de la controverse courante, il est un point par lequel la question de fait se rattache étroitement aux plus vives préoccupations de l'opinion publique, c'est celui de la population ou plutôt de la *dépopulation*, puisqu'on a eu recours à ce dernier mot pour caractériser la diminution soutenue dans la force ascensionnelle qui augmentait autrefois la population française. Certes, cette diminution si grave à toute époque, quand

(1) Les secours temporaires ont, du reste, reçu une consécration légale de la loi du 5 mai 1869, qui les a nominativement classés au premier rang des dépenses *extérieures*.

on la compare à la rapidité progressive du mouvement des nations voisines, si profondément douloureuse depuis quelques années, depuis le traité qui nous a enlevé 1,600,000 âmes; ce véritable recul, récemment marqué par une différence en moins de 370.000 habitants dans les limites de notre territoire actuel, depuis les derniers recensements (1); cette aggravation constante de faits antérieurement constatés, ne résultent pas seulement, chacun le sait, de la mortalité excessive de la première enfance. La diminution du nombre des naissances (2), sinon celle du nombre des mariages, contribue également pour sa part, ainsi peut-être qu'un certain retard dans l'époque des mariages, à créer cette situation si inquiétante pour l'avenir économique et militaire de notre pays. La mortalité des enfants du premier âge, qui est heureusement loin d'échapper, autant que d'autres causes, à l'action du législateur, constitue

(1) En 1872, naissances 967,000; décès 793,064; excédant en naissances 172,936; mais en 1870 et en 1871, excédant des décès 103,394 et 444,889, soit pour les trois années réunies un excédant moyen de décès de 127,123.

(2) De 1800 à 1810 on comptait en effet 3.19 naissances annuelles pour 100 habitants, tandis que cette proportion n'était plus, de 1861 à 1868, que de 2.66. En 1871 le rapport des naissances à la population était descendu à 2.26, ce qui équivaut à une naissance pour 44 habitants. En 1872 (année où le nombre des mariages a été de 0.98 pour 100 habitants, c'est-à-dire s'est élevé par suite du ralentissement de 1870 et 1871, au chiffre le plus élevé qui ait jamais été atteint dans notre pays et où le nombre des naissances s'est accru de 180.879), le rapport n'est arrivé qu'à 2.675 p. 0/0, ne dépassant que de 1 1/2 p. 0/0 celui de la période 1861-68. La France tient donc de plus en plus, quant à la fécondité des mariages, le dernier degré de l'échelle, pendant que la Russie en tient la tête avec le chiffre de 4.73.

toutefois, une partie notable du problème à résoudre pour lutter contre un tel affaiblissement de puissance et de prospérité.

En fait, c'est la mortalité des enfants assistés qui a éveillé d'abord l'attention publique, et cette attention s'est ensuite vivement portée sur le mal dans son ensemble. Pour bien se rendre compte de l'état de la question particulière qui est surtout en jeu ici, il convient d'analyser d'abord les données de la question générale : la première et la seconde sont plus d'une fois étroitement mêlées.

Dès 1860, des pétitions nombreuses, des écrits pleins d'insistance réclamaient une loi de protection pour les enfants du premier âge. Des médecins, des économistes dénonçaient que, tandis que la proportion normale de la mortalité des enfants nouveau-nés ne dépasse guère, pendant la première année de la vie, la moyenne de 20 0/0, elle s'élève à 40 0/0 pour les enfants mis en nourrice, et que, dans les pays tels que le Morvan, où l'allaitement mercenaire est pratiqué comme une véritable industrie, elle atteint la proportion de 60, 80 et jusqu'à 90 0/0 sur certaines catégories d'enfants. « Sans compter les enfants assistés, disait, en 1866, un médecin dont l'écrit fort passionné, d'ailleurs, fut couronné par l'Académie des sciences, cent mille nourrissons meurent annuellement en France, de faim, de misère, faute de soins, de surveillance. » La France, disait-on à la même époque, devant l'Académie de médecine, perd tous les ans, par sa faute, cent vingt mille enfants de un jour à un an. « Un enfant qui naît, écrivait enfin un statisticien distingué, a moins de chances qu'un homme de quatre-vingt-dix ans, de vivre une semaine, et moins de chances qu'un octogénaire de vivre un an. »

Et pendant ce temps, non pas dans une société utopique, mais sur tel ou tel point du territoire, dans le département de la Creuse, par exemple, la mortalité d'un jour à un an ne dépassait pas 13 0/0 (1).

Devant de tels rapprochements, devant de tels cris d'alarme, et tout en faisant la part d'une certaine exagération (2), l'opinion s'émut, se souleva pour ainsi dire. Des sociétés protectrices de l'enfance se formèrent, des enquêtes eurent lieu. Celle de 1868, qui s'appliqua aux enfants d'un jour à un an dans les dix départements qui reçoivent de préférence les nourrissons parisiens, accusa une mortalité générale de 51, 68 0/0, tandis que la mortalité relevée dans les communes, pour les enfants du pays, n'était que de 19, 92 0/0.

(1) En 1872 elle a été dans la France entière de 21.07; (pour les années précédentes de 21.90). Sur 146,828 décès, il y en a eu 23,360 dans la 1ʳᵉ semaine; 17,359 dans la 2ᵉ; 20,647 de 15 à 30 jours; 53,786 d'un mois à six mois; 31,676 de six mois à douze mois. Il est intéressant d'étudier à ce sujet les cartes dressées par M. le docteur Bertillon, auteur de si remarquables travaux sur la démographie et d'y suivre, suivant les teintes, depuis les 13 ou 16 p. 0/0 de la Creuse et des Deux-Sèvres jusqu'aux 27 à 37 p. 0/0 des départements où sont nourris les enfants de Lyon, Marseille, Paris. Quant à la Seine et au Rhône, le coefficient de leur mortalité infantile a été jusqu'à présent inconnu par suite des lacunes de la statistique, un grand nombre des enfants nés à Paris ou à Lyon allant mourir en nourrice dans les départements circonvoisins sans qu'on en ait encore fait mention sur le registre des décès de ces grandes villes. Dans l'état actuel des recensements, tous les chiffres par départements ne sont du reste qu'approximatifs.

(2) Exagération réelle, ainsi qu'on peut s'en convaincre en lisant la discussion même du Sénat (discours de M. Genteur, commissaire du gouvernement) et les annexes au rapport de M. le docteur Roussel, sur le projet de loi de 1874.

Pendant quatre années entières, l'Académie de médecine qui avait réclamé l'enquête, discuta un programme
de protection pour la première enfance.

Parmi les diverses causes générales de mortalité
indiquées par ce programme, telles que le manque d'un
service de vérification des décès des nouveau-nés et
des enfants en nourrice; les transports prématurés
des enfants pour la déclaration de naissance, pour le
baptême et le placement en nourrice; l'absence de mesures concernant la vaccination obligatoire, le manque
d'une loi sur l'industrie nourricière et surtout sur la
surveillance administrative et médicale des nourrissons, cette dernière cause est de beaucoup la plus importante. C'est seulement, en effet, dans cette triste
industrie nourricière marquée surtout par ce fait : la
privation du lait et des soins maternels, qu'on rencontre
ces moyennes monstrueuses de décès précédemment
citées. « De toutes les statistiques, disait, en 1869, le
Ministre de l'intérieur, résumant l'enquête de 1868 (1),
il résulte qu'en vertu d'une loi invariable, les enfants
conservés, nourris dans les familles échappent à la
plupart des causes de mortalité qui déciment au contraire les enfants envoyés en nourrice, loin de la surveillance et des soins de leurs parents. Cette surveillance n'étant pas, il faut qu'une autre s'y substitue. »

Dans quelle mesure la surveillance dont il s'agit
doit-elle être pratiquée? Ne convient-il pas de faciliter
et de propager l'allaitement maternel, cherchant ainsi
à obtenir le bien par les mœurs plutôt que de l'imposer
par la loi en opposant, suivant la pente française, des
règlements et des pénalités aux abus de l'allaitement
mercenaire? C'est ce qu'un projet de loi élaboré en

(1) Dont le résultat est mentionné ci-dessus.

1870, c'est ce qu'un nouveau projet, formulé en 1874, sur la proposition de M. le D' Th. Roussel, et transformé en loi le 23 décembre de la même année, ont eu principalement à régler. Des pétitionnaires, aussi bien intentionnés que peu pratiques, avaient été jusqu'à demander au Sénat, en 1867, à l'Assemblée nationale, en 1871, que l'allaitement par la mère, ou tout au moins la présence de l'enfant au foyer maternel fût obligatoire, et même qu'un impôt de 300 francs pour chaque .amille payant un loyer de 1,000 francs, fût la sanction de cette prescription. C'était confondre ce qui est de morale et d'expérience universelles, à savoir que rien ne remplace et ne peut remplacer la sollicitude maternelle, avec ce qui peut être imposé par la loi. C'était même méconnaître, dans bien des cas, ou des nécessités impérieuses et des impossibilités de l'existence, ou l'impuissance positive de la nature elle-même. Ici, comme ailleurs, la vérité n'est ni dans la réglementation à outrance, ni dans le laisser faire absolu.

Les commissions scientifiques ou législatives se sont, du reste, trouvées dans cette matière en présence de précédents nombreux et singulièrement curieux et anciens.

L'existence d'une rue des *recommandaresses* ou *logeuses* de nourrices, mentionnée dans un titre de l'an 1284, c'est-à-dire presque contemporain de saint Louis; une ordonnance célèbre rendue par le roi Jean, en 1350, sur « les nourrices nourrissant les enfants hors de la maison du père et de la mère des enfants; » la peine du pilori contre toute recommandaresse louant une nourrice plus d'une fois l'an; un nombre considé rable d'actes législatifs ou administratifs, tels qu'un arrêt du Parlement de Paris, de 1611 ; des lettres-patentes du roi, de 1615 ; une déclaration royale do la dernière année du règne de Louis XIV ; de nouvelles déclarations du roi, de 1727 et 1729 ; des ordonnances de police de 1747, 1749, 1753 et 1762 ; l'importante déclaration de 1769, qui supprima la vieille institution des recommandaresses et établit le *bureau général des nourrices* de Paris qui est devenu la direction municipale ou bureau Sainte-Appoline, plus tard, des Tourrelles ; d'autres textes encore qui, avec les précédents, ont fourni la matière du recueil publié vers la fin du règne de Louis XV, sous le titre de *Code des nourrices,* prouvent et la gravité du mal résultant de l'habitude séculaire prise par beaucoup d'habitants de Paris de se séparer de leurs enfants, et la sollicitude constante des pouvoirs publics dans tous les détails de la question. Cette sollicitude fut caractérisée, du reste, par beaucoup d'autres actes datant de la Révolution, ou qui lui sont postérieurs, depuis l'arrêté de la municipalité de Paris, du 15 messidor an II ; l'arrêté des consuls, du 21 germinal an IX ; les arrêtés du gouvernement, de l'an VIII et de l'an IX ; le décret du 30 juin 1806, jusqu'à l'ordonnance de police du 26 juin 1842 et sans oublier, bien entendu, les diverses instructions publiées par l'administration de l'Assistance publique à partir du moment où elle a été chargée de cet important service.

Ce n'est pas seulement chez nous dans le passé, c'est à l'étranger que nous pouvons nous inspirer des mesures qu'a provoquées le désir de protéger la première enfance. Il existe en Angleterre, dans les environs de Londres, de Manchester, de Glascow, une industrie connue sous le nom de *Baby farming*, et qui se charge simplement, moyennant salaire, de faire mourir un enfant dans un temps donné. En 1868, et l'attention du public ayant déjà été vivement sollicitée par la Société médicale Harvéienne, le comte de Shaftesbury demandait au président du conseil des ministres « si l'attention du gouvernement s'était portée sur cette industrie, remarquant que dans le *Baby farming* les enfants étaient envoyés trop souvent en nourrice dans l'intention d'être détruits, système qui excitait une grande horreur, et que l'état actuel des lois était tel qu'elles demeuraient entièrement impuissantes contre ces pratiques. Le peuple se familiarisait ainsi avec le crime et croyait que la loi ne pouvait pas l'atteindre. Un engagement de s'occuper de la question fut pris, au nom du gouvernement, par le duc de Marlborough, et, le 25 juillet 1872, une loi en seize articles, qui n'est considérée que comme un premier pas dans la voie des réformes, fut votée par le Parlement *(the infant life protection act)*. Une Société protectrice *(infant life protection society)* fut en même temps créée. Pays de liberté individuelle, mais aussi d'humanité et de prévoyance, l'Angleterre nous indiquait donc la voie dans laquelle il fallait marcher.

D'après bien des observateurs, et notamment d'après M. le Dr Broca, devant une récente commission d'enquête, bon nombre de femmes qu'on appelle des *nourrices sèches (gardeuses, sevreuses)* réalisent, surtout dans la banlieue de Paris, toutes les pratiques du *Baby farming*, et il y aurait « telle de ces femmes, ayant pour profession connue d'enterrer régulièrement 10 à 12 nourrissons par an, si ce n'est davantage. » Ce sont les *faiseuses d'anges* de la langue imagée de certains pays. *L'homicide par inanition* est leur moyen principal, comme défiant le plus les recherches de la justice. J'ai personnellement eu occasion, en remplissant des fonctions administratives dans un grand département du sud-ouest, de constater que, même en dehors de toute complicité avec des parents criminels, quelques-unes de ces femmes pensaient avoir intérêt à la mort presque immédiate des enfants afin de toucher ainsi le salaire d'un trimestre entier pour un gardiennage de quelques jours. Une femme de la catégorie des meneuses (courtières en abandon d'enfants), qui était le principal agent de ces infamies dans un arrondissement entier, non contente de toujours préférer les mauvaises nourrices aux autres, comme lui rapportant de plus fréquentes commissions, déplaçait souvent et inutilement les enfants, dans le seul but d'obtenir ainsi des mères une remise double. Dans une petite commune, où il mourut, pendant une année, 26 enfants sur 27, quand les habitants entendaient le son de la cloche de l'église, annonçant une cérémonie mortuaire, ils disaient simplement : C'est un enfant de Mme X... (le nom de la meneuse). C'est dans la même commune qu'un habitant notable était persuadé « que l'administration faisait ainsi placer les enfants (1) dans le but d'en débarasser la société. »

Tout ceci est funèbre assurément, et peut-on trouver exagéré qu'on ait quelquefois appliqué à l'envoi en nourrice ces expressions véhémentes : la conscription du premier âge, la traite des enfants nouveau-nés; qu'un observateur indigné d'un tel régime se soit écrié : « N'y aurait-il donc plus de lait aux mamelles des Françaises pour qu'on ait recours à ces procédés d'empoisonne-

(1) Les enfants assistés.

ment (1) » et qu'enfin un conseil général (2) ait récemment émis le vœu que l'industrie des nourrices soit « réglementée et surveillée comme le sont les industries réputées dangereuses? »

Le mal étant ainsi constaté et ayant déjà inspiré tant de mesures, il est vrai, insuffisantes; la science et l'expérience médicales ayant réuni tant de données nouvelles sur les points en litige, la tâche de la commission législative se trouvait notablement simplifiée. « Notre projet de loi, disait son rapporteur, n'est pas une œuvre originale sur une question nouvelle, mais seulement la dernière expression et le résumé pratique d'un travail législatif souvent repris sur une question pendante depuis des siècles et dont l'intérêt public et l'humanité ne permettent pas d'ajourner la solution. »

Dans tout le système des mesures spécifiées par le projet et consacrées sans discussion (3) par la loi le

(1) M. le docteur Danis de Château-Thierry, p. 211. Rapport Roussel.

(2) Celui de Seine-et-Oise, en 1872.

(3) Lors de la première délibération, le rapporteur, M. le docteur Roussel disant que la commission était unanime, que la loi rencontrait une faveur exceptionnelle, se fondant en outre sur des raisons d'humanité, demanda l'urgence. Un membre s'opposa vivement à la déclaration d'urgence, déclarant « qu'il verrait un grand inconvénient à ce qu'on écourtât une pareille discussion, et qu'on privât de la garantie des trois délibérations un projet présentant un des problèmes les plus complexes qui puissent se présenter devant l'Assemblée. » L'urgence ne fut donc pas prononcée, et il semblait qu'on dût s'attendre à une discussion approfondie lors des deux dernières lectures. Ainsi que cela arrive trop souvent en France lorsque la politique n'est pas en jeu, aucune discussion n'eut lieu, et la loi fut votée sans un seul mot de commentaire, à l'exception d'un légitime

23 décembre 1874, il n'y a en effet qu'une innovation réelle : c'est une organisation locale des moyens de surveillance, mettant à contribution non-seulement l'autorité publique, mais toutes les forces collectives, demandant leur concours non-seulement à l'administration (1) au point de vue de la généralisation de l'action légale et de son application uniforme, mais à l'association privée, à des comités libres de protection de l'enfance (2), à des comités départementaux de surveillance, à un comité supérieur siégeant à Paris, enfin à une inspection médicale jugée indispensable pour opérer un contrôle rigoureux. Toutes les autres dispositions ont dû prendre pour modèle, il n'est que juste de le reconnaître, les vieilles mesures de protection que l'ancien régime, par ses *ordonnances, déclarations, lettres-patentes, sentences de police,* avait essayé d'assurer surtout aux nourrissons parisiens.

On a reproché à ce sujet à la Révolution (3) d'avoir,

hommage rendu par le gouvernement au rapport de M. le docteur Roussel.

(1) Puisque la loi s'applique aux enfants assistés, en associant l'inspecteur départemental de ce service à l'action des comités, on aura évité des tiraillements possibles et obtenu le concours d'un fonctionnaire compétent et renseigné. Il faut aussi louer l'admission des membres des commissions administratives d'hospices.

(2) Sociétés de charité maternelle, crèches (qui remplacent si avantageusement ces misérables demeures qu'on appelle *garderies* et *maisons de sevrage*); sociétés protectrices de l'enfance. Il serait très-bon que, suivant un vœu formulé devant la commission législative, ces dernières sociétés, très-peu nombreuses encore, s'organisassent en véritables sociétés de secours mutuels.

(3) Proposition de loi par M. Roussel, *Journal officiel* du 24 mai 1873.

sous l'influence d'une aversion trop aveugle du passé,
abandonné, au détriment des enfants, toutes ces mesures tutélaires si bien coordonnées; nous croyons
que ce reproche, admissible jusqu'à un certain point,
par exemple pour ce que les jurandes contenaient d'incontestablement bon et salutaire au milieu de tant de
choses mauvaises et nuisibles, n'est pas justifié ici.
L'attribution du bureau des nourrices à l'administration des hôpitaux et établissements de secours de
Paris, c'est-à-dire en fait à l'administration départementale de la Seine, n'a pas apporté une véritable solution de continuité dans l'ensemble du système protec-
teur de l'enfance et n'a pas tari, sans les remplacer, les
anciennes sources de législation. Les mesures consacrées par l'expérience ont successivement été prises
par l'administration de l'assistance publique dont les
recueils d'instructions renferment, on ne le conteste
pas du reste, à peu près tous les germes d'une bonne
loi sur la matière.

Quoi qu'il en soit, l'article 1er de la loi portant que
« tout enfant âgé de moins de deux ans qui est placé
moyennant salaire en nourrice, en sevrage ou en garde,
hors du domicile de ses parents devient par ce fait
l'objet d'une surveillance de l'autorité publique ayant
pour but de protéger sa vie et sa santé, » et une déclaration à la mairie de tout placement en nourrice devenant désormais obligatoire et devant figurer sur un
registre spécial, il ne sera plus possible à aucune
famille, suivant les excellentes expressions du rapport,
« d'ignorer que la séparation de la mère et de son
enfant, et la remise de celui-ci à une femme mercenaire
sont considérés comme des actes dont la société s'in-
quiète, que la loi surveille et dont elle exige la cons-

tatation (1). Il y aura là un effet moral qui vaut autant tout au moins que les moyens de répression. L'observation a établi que si l'allaitement artificiel produit la plupart du temps les plus funestes résultats, — dirigé avec les soins soutenus et minutieux que l'amour maternel peut inspirer, — en fait et à la rigueur il vaut encore mieux jusqu'à présent que l'envoi chez une nourrice mercenaire. Les mères, même celles qui ne peuvent nourrir leurs enfants, préfèreront peut-être désormais les garder chez elles (2) que s'en séparer et les faire rentrer ainsi dans des catégories à la fois dignes de pitié et susceptibles de surveillance.

On sait avec quelles difficultés, quelles lacunes et même quelles erreurs la statistique actuelle relève tout ce qui a trait à la mortalité des enfants en bas âge. On peut considérer comme un des plus importants de la loi l'article qui amènera sans doute l'établissement auprès du comité supérieur d'un *bureau sanitaire et statistique du premier âge,* dans lequel seront réunis tous les documents résultant de l'application de la loi et qui constitueront une véritable *comptabilité* des nourrissons français, comptabilité des personnes, a-t-il été dit, qui s'appliquant à ce que la société a de plus

---

(1) « Tout enfant venant au monde, a dit M. le docteur Broca, aura son existence protégée par la constatation de sa naissance. » (Rapport Roussel, p. 80).

(2) Sans parler de l'allaitement artificiel mixte.

Les enfants des nourrices qui émigrent ou qui prennent un deuxième nourrisson chez elles gagneront aussi à la surveillance et pour désigner les frères de lait, on ne pourra plus se servir avec autant de raison que par le passé de cette expression si juste de « *frères ennemis.* »

précieux peut être établie d'une manière aussi exacte
que si elle s'appliquait aux écus (1).

Telles sont les principales bases de la loi nouvelle.
Il ne faut pas assurément espérer qu'elle remédiera
à tous les maux dont on se plaint. La vie des enfants
n'est pas mise en péril seulement par les nourrices
qui les emportent loin de leurs parents. Elle l'est trop
souvent par le fait des parents eux-mêmes surtout
dans l'emploi inintelligent de l'allaitement artificiel,
mais de grands avantages seront obtenus. Au point de
vue général du décroissement de la population, aucune
loi n'influera sur la diminution progressive de la nata-
lité, mal qui se propage des classes riches aux classes
simplement aisées, du bourgeois au paysan proprié-
taire. C'est là une affaire de mœurs et la loi est im-
puissante. Certaines espérances purement philanthro-
piques seront même déçues. On ne parviendra pas,
comme on a semblé en admettre la possibilité (2), à faire
que la mort qui frappe aujourd'hui un enfant sur cinq,
n'en atteigne pas plus de un sur vingt. Nul n'empêchera
jamais qu'il y ait une grande inégalité devant la mort.
Ainsi, on a établi que sur mille enfants de pairs d'Angleterre, il en meurt vingt-sept avant 5 ans; sur mille
enfants du clergé protestant, trente; sur mille enfants
anglais en général, soixante-dix; sur mille enfants
de la ville industrielle de Liverpool, cent trente-
deux. Il y a quelques mois, devant cette Académie
même, un savant médecin (3) a établi qu'en France

(1) Une pareille statistique existe en Suède.

(2) Devant l'Académie de médecine.

(3) M. le docteur G. Lagneau. D'après lui la mort enlève annuellement 62,206 êtres humains de moins de 20 ans accomplis illégi-
timement conçus, soit 32,878 victimes de plus que n'en présente

la proportion des mort-nés illégitimes est approximativement deux fois plus considérable que celle des morts-nés légitimes (1); que la proportion est la même pour les nouveau-nés déclarés vivants, que plus des trois quarts des enfants illégitimes meurent avant d'attendre la 21ᵉ année. Attribuable suivant une expression énergique « à la sélection de la misère et de l'abandon, » de tels résultats peuvent être modifiés, mais pas dans des proportions assez fortes pour justifier certaines espérances.

M. le docteur Bertillon était plus dans le vrai lorsqu'il s'exprimait ainsi devant la commission législative : « Supposons que par une meilleure hygiène de la première enfance, on parvienne à réduire la mortalité des vingt départements noirs, où elle est le plus élevée, à ce qu'elle est, je ne dis pas dans les départements les plus clairs, mais dans les départements gris ou à mortalité aujourd'hui moyenne, par ce seul fait on conservait *chaque année* environ 16,000 enfants qui aujourd'hui succombent dans la première année de leur vie, ce qui dépasse la population du premier âge de l'un des deux départements de notre Alsace perdue. »

La loi nouvelle, qui étendra à tous les nourrissons français la protection réservée autrefois aux seuls

pareil nombre d'êtres humains du même âge légitimement conçus.

La statistique donne des résultats analogues au point de vue des exemptions du service militaire.

Il faut remarquer du reste que le nombre des naissances illégitimes est moins fort en France que dans beaucoup d'autres pays.

(1) Proportion maintenue depuis par la statistique de 1872. La proportion générale des morts-nés aux conceptions varie entre 4.12 p. 0/0 à 4.65 p. 0/0 (1871) et 4.35 (1872). Dans le mariage, il y a un mort-né par 25 conceptions et hors du mariage 1 sur 12.

nourrissons parisiens, peut certainement réaliser au moins cette prévision, et cela explique bien éloquemment son importance. Son succès dépendra d'ailleurs de l'esprit dans lequel elle sera appliquée. Pour la rendre efficace et féconde, l'administration devra faire en sorte que la surveillance nouvelle qui lui est attribuée ne soit pas simplement une police officielle, et elle devra s'appuyer dans la plus large mesure sur le zèle privé (1). Elle ne peut pas prétendre et elle ne prétend pas faire par elle-même tout le bien.

En ce qui concerne maintenant et spécialement les enfants assistés qu'on appelait, il n'y a pas bien longtemps encore, enfants trouvés (et ce simple changement de nom révèle un progrès moral sensible, car l'enfant n'est plus flétri et son nouveau nom rappelle surtout l'accomplissement d'une vertu sociale), si le régime qui leur est appliqué n'alimente plus la discussion de chaque jour, il n'en est pas moins chaque jour l'objet des efforts pratiques les plus soutenus. On ne rêve assurément plus pour eux, comme le faisait la Constituante, « l'introduction d'un nouveau commerce de bienfaisance entre les hommes, à savoir leur adoption par des citoyens généreux ; » ils ne sont plus, suivant la qualification de la Convention, les *orphelins* ou *enfants naturels de la patrie;* — c'était dépasser le but, car il y a un milieu entre glorifier et noter d'infamie (2); — mais,

(1) Sur un excellent rapport de M. Frédéric Passy, le conseil général de Seine-et-Oise a déjà émis un avis dans ce sens. Le concours des mères de famille doit notamment être réclamé partout.

(2) C'était le dépasser singulièrement aussi que d'aller jusqu'à décréter que « toute fille qui, pendant dix ans, soutiendrait avec le fruit de son travail son enfant illégitime, aurait droit à une récompense publique, » mais c'était avec habileté et en vue de la diminu-

grâce à un ensemble de mesures prises successivement et en quelque sorte discrètement par les pouvoirs administratifs, par les conseils généraux, par les commissions hospitalières, c'est-à-dire résultant d'un accord entre l'État, les pouvoirs locaux et l'initiative individuelle, on n'a plus le regret de les voir victimes soit de préjugés aveugles, soit de systèmes absolus de philanthropie, soit d'une coupable indifférence. Le mouvement des théories les a délaissés ; mais un régime large et généreux leur vient en aide sans qu'aucun grand principe social soit atteint, et les résultats obtenus, tout imparfaits qu'ils soient, sont déjà tels que bien des esprits se demandent si, malgré l'abandon effectif du décret de 1811 et l'absence par conséquent d'une législation proprement dite, il est bien nécessaire de recourir de nouveau à leur égard au pouvoir législatif et si la meilleure solution n'est pas la continuation et la simple amélioration de l'état de choses actuel.

On ajoute dans ce sens que l'on est ainsi dispensé de présenter dans une loi comme une obligation sociale, et à titre de prescription uniforme et générale, le secours à toutes les mères pauvres. Car comment imiter la loi de l'an II qui avait créé pour la fille-mère un droit immoral en même temps que ruineux, et refuser aux mères d'enfants légitimes ce qu'on accorderait aux autres? Comment, d'un autre côté, sans établir une véritable taxe des pauvres, accorder expressément et comme un droit légal les secours aux deux catégories? N'est-il pas préférable de laisser

tion des dépenses que la loi du 28 juin 1793 promettait le secours et « le secret le plus inviolable » aux filles mères qui voudraient allaiter leur enfant.

toutes ces appréciations si délicates aux Conseils généraux, aux Conseils municipaux suivant les circonstances et la quotité des subventions locales ?

Quoi qu'il en soit, diminution des abandons dans la proportion de 30, de 40 et quelquefois même de 50 0/0; moralisation de la mère que la présence de son enfant maintient dans la voie du repentir, tandis que celle qui s'est déchargée de tout devoir oublie bien vite sa première faute ; reconnaissance de l'enfant toujours imposée à la mère lors de l'allocation du secours et entraînant dans certains départements une proportion de mariages de 10 0/0; diminution de la dépense moyenne d'un enfant assisté qui, placé dans les conditions ordinaires, s'élève à 1,400 fr. et qui secouru chez sa mère n'a demandé qu'une dépense de 350 fr., c'est-à-dire trois fois moindre ; enfin, et conséquence particulièrement notable, diminution sensible de la mortalité; car la statistique officielle a établi que si on les compare aux élèves des hospices, les enfants secourus temporairement meurent dans une proportion moindre de moitié (1) : voilà le résumé des principaux résultats que peut faire valoir le système des secours aux filles mères, sans qu'on puisse réellement mettre à son passif aucune augmentation dans le nombre des expositions (2).

(1) Un homme compétent, M. Monot de Montsauche a même constaté que, dans la Nièvre, pendant que la mortalité des enfants qui alimentaient, à l'abri de tout contrôle sérieux, le trafic des meneuses et nourrices était encore de 71 p. 0/0, si l'on compte à part les enfants assistés du pays nourris par les filles mères à l'aide des secours temporaires, on put voir cette mortalité descendre à 7 p. 0/0.

(2) Les comptes-rendus de la justice criminelle et d'autres sources de renseignements, telles que les recherches faites à Paris, sur les registres de la Morgue, par M. le docteur Tardieu et consignées

et sans que l'accroissement du nombre des avortements et des infanticides dont la constatation provient
surtout, comme pour d'autres crimes, du perfectionnement des moyens d'information et de poursuite,
puisse non plus lui être imputée.

En vain dirait-on qu'il est inhumain de laisser son
enfant à une fille indigente qui, même avec le secours,
ne peut lui donner tout ce qui serait absolument
désirable ; en vain même alléguerait-on que la fille qui
a commis une faute et qui quelquefois ne prouve pas
assez son repentir par ses actes, n'est pas à même de
donner à cet enfant l'éducation morale qu'on pourrait
souhaiter. Est-ce que tous les parents mariés ont des
ressources suffisantes pour entretenir largement leurs
enfants? est-ce qu'il n'en est pas, d'un autre côté, de
vicieux, de pervers en dehors même de ceux qu'atteint
la justice ; et est-ce que la société non contente de
déplorer et au besoin d'assister, enlève d'autorité à ces
parents les petits êtres qui plus tard retireront pourtant
de bien tristes fruits de l'éducation qu'il ont reçue?

Pourquoi l'État-providence ferait-il pour les uns ce
que l'État sainement compris ne fait et ne peut faire
pour les autres ? Est-ce que la misère n'est pas aussi

dans ses *études médico-légales*, constatent bien en effet l'accroissement du nombre des avortements et des infanticides; mais d'abord
pour le premier de ces crimes (131 par an de 1826 à 1853; 203, de
1854 à 1870 suivant la statistique judiciaire), outre que nous
sommes encore bien loin de l'Amérique où il constitue une véritable
industrie, nul ne peut soutenir que l'ancienne clientèle des tours
connaisse l'avortement ; elle n'est pas, comme on l'a dit, assez riche
pour le payer; quant à l'infanticide, personne n'a pu établir une
relation de cause à effet entre la suppression des tours et son accroissement.

intéressante, la contagion aussi regrettable dans le second cas que dans le premier? Et puisque ce n'est pas seulement son lait que la mère donne à son enfant, mais aussi et en même temps son âme, ses vices ou ses vertus, est-ce qu'il y aurait plutôt un *infanticide moral,* ainsi que cela a été dit, à laisser un enfant entre les mains d'une mère qui a failli, qu'entre celles de tant d'épouses de nos grandes villes dont les fils et les filles vont trop souvent peupler plus tard les maisons de jeunes détenus? Non, laissez la fille mère *s'attacher* à son enfant, et la plupart du temps la transformation aura lieu (1).

Necker estimait en 1784 qu'il y avait en France 40,000 enfants trouvés. M. de Montalivet, en 1810, les évalue à 70,558. M. de Gasparin, en 1837, et dans un rapport contenant en germe tout le bien qui s'est fait depuis, démontrait qu'ils étaient 130,000 en 1833, et attribuait cette augmentation au nombre des hospices, à la facilité des admissions, enfin au système des tours. Maintenant (au 1er janvier 1872) le chiffre total des enfants assistés est de 98,664 dont 8,466 enfants trouvés, 46,609 enfants abandonnés (2); 9,894 orphelins, 33,695 enfants conservés par leurs mères et secourus à domicile (3). Et en rapprochant cette dernière statistique de celle des années précédentes, on

(1) A Lyon, l'administration ne se charge plus de placer elle-même les enfants admis aux secours. Son but, dit-elle, est d'éviter que la mère ne s'habitue à l'idée qu'elle peut se dispenser de s'occuper de son enfant.

(2) Enfants délaissés par les pères et mères connus et d'abord élevés par eux ; enfants de parents détenus ou condamnés.

(3) Le nombre des admissions nouvelles à l'hospice en 1872, avait été de 17,133.

voit que le nombre des enfants admis dans les hospices diminue constamment et que le service des secours tend de plus en plus à se substituer à l'entretien des enfants dans les établissements hospitaliers. La proportion des enfants secourus, qui était de 15 0/0 en 1861, s'élevait à 32 0/0 en 1871, et à 34 en 1872.

En 1648, saint Vincent de Paul réunissant les Dames de l'œuvre des enfants et leur adressant sa pathétique harangue, leur déclarait que toutes les ressources de l'institution ne dépassaient pas 12,000 livres de rente. Aujourd'hui plus de onze millions (1) sont consacrés aux enfants assistés, dont plus de 8 millions aux enfants entretenus dans les établissements hospitaliers. Il est vrai que la richesse des hospices qui était en 1789 de 28 millions, en 1815 de 33, en 1833 de 51, en 1847 de 54, en 1858 de 74, en 1871 de 99, est aujourd'hui de près de 107 millions (2).

Avant saint Vincent de Paul, lorsque les enfants délaissés s'appelaient à Paris les « pauvres enfants trouvés de Notre-Dame » et avant que la charité publique en eût fait d'abord « les enfants Dieu, » puis les « enfants rouges ou les enfants bleus, » suivant la couleur de leur vêtement, un enfant se vendait 20 sous (c'était un prix fixe), aux mendiants, aux bateleurs, aux faiseurs de sortiléges qui les déformaient impunément pour exciter la compassion et attirer l'aumône. Du temps de saint Vincent de Paul, l'enfant recueilli coûtait déjà à la charité 30 livres par an ; en 1792, la dépense payée par l'administration pour chaque *enfant de la patrie* était de 75 fr. ; de 1824 à 1833, elle était de 86 fr.

(1) 11,204,741 en 1872.

(2) Elle s'est même élevée à 108 millions en 1861. La dépense a été de 88 millions en 1872.

Elle est maintenant en moyenne pour l'enfant entretenu par les hospices de près de 99 francs (1); de 221 francs pour les enfants du département de la Seine.

Aucun changement fondamental n'a affecté depuis longtemps le régime des enfants admis dans les hospices. L'hospice, qui doit remplacer la famille, les nourrit toujours jusqu'à douze ans, les patronne ensuite de douze à vingt et un ans, les confie à des familles de cultivateurs qui sont incitées par diverses indemnités d'encouragement à les confondre, autant que possible, avec leurs propres enfants. Le nourricier qui a conservé son pupille pendant les neuf premiers mois de sa vie, celui qui l'a préservé jusqu'à douze ans de tout accident provenant de défaut de soins, celui qui se charge de son éducation professionnelle au-delà de douze ans, reçoivent toujours les indemnités fixées par la loi autant que commandées par l'équité et l'utilité sociale. Mais l'œuvre des dernières années a consisté dans l'amélioration raisonnée de l'ensemble du service, dans l'augmentation des tarifs, dans les compléments apportés aux layettes et vêtements (2), dans le renouvellement plus fréquent des trousseaux, dans une surveillance plus attentive sur l'industrie des intermédiaires habituels de l'abandon (3), sur l'état civil des enfants et l'exercice de la tutelle, dans une organisation moins défectueuse du service médical, des maternités et des crèches, dans la diminution de la durée du séjour

(1) 98 fr. 88 c. en 1872; 99 fr. en 1871.

(2) En évitant l'apparence et le caractère d'un costume spécial.

(3) La commission d'enquête de 1860 a même demandé que les sages-femmes ne fussent plus admises en aucun cas à servir d'intermédiaires. C'est ce qui vient d'être remis en pratique à Paris.

des enfants à l'hospice (1), diminution essentielle au triple [point de vue de la santé, de l'éducation pratique, de l'avenir de l'enfant. Le séjour des adultes valides y a même été complètement interdit.

De grands efforts ont été faits, en outre, sous l'action constante de l'inspecteur départemental, associé beaucoup plus étroitement à la tutelle, pour amener les départements à augmenter d'une ou deux années le paiement des pensions, pour faire passer des contrats d'apprentissage sérieux et y faire stipuler des salaires, pour obtenir des versements périodiques à la Caisse d'épargne en cas de placement chez des maîtres ou des patrons; enfin, et surtout peut-être, pour amener de plus en plus les enfants à l'école.

Ici, de biens grands obstacles se présentent. Depuis longtemps, les enfants assistés avaient en fait l'accès gratuit des écoles primaires, et les nourriciers se trouvaient dégrevés de la fourniture des objets scolaires, livres élémentaires etc. L'instituteur était autorisé à les livrer moyennant un faible abonnement mensuel. Lors de la dernière grande enquête, en 1860, soixante-six départements subvenaient aux frais d'instruction ; quelques-uns accordaient des primes d'encouragement. Aujourd'hui, et depuis la loi du 5 mai 1869, qui a introduit dans les conditions financières du service, des modifications importantes (2), ce qui était un fait est

(1) En 1872, il n'y avait plus dans les hospices que 3,580 pupilles (surtout des orphelins) contre 61,389 à la campagne, ou 17 à la campagne contre 1 à l'hospice.

(2) En exonérant les hospices dépositaires des charges que leur imposait le décret de 1811 ; en mettant à la charge de l'Etat les frais d'inspection et un cinquième des dépenses intérieures. Un cinquième des dépenses extérieures incombe désormais aux com-

devenu un droit, et les frais d'école sont obligatoires
pour les départements et les communes. Même dans
les localités où une gratification est allouée, en outre,
aux nourriciers et où on leur fait une condition absolue
de l'envoi à l'école, les résultats obtenus sont cependant bien loin d'être satisfaisants. Comment vaincre
les préjugés tenaces du paysan sur cette question de
l'instruction? Pour lui, trop souvent, on le sait, le
temps qui n'est pas employé à un travail manuel est
du temps perdu. Surtout dans certaines saisons, il
n'envoie pas toujours ses propres enfants à l'école.
Comment l'amener à se passer, en vue d'un but qui lui
échappe, des petits services que peut, à partir d'un
certain âge, lui rendre le pupille que l'Assistance lui
a confié? En accordant partout des récompenses scolaires (1), en les augmentant là où elles existent déjà,

munes, sauf déduction du produit des legs spéciaux et des amendes
de police correctionnelle. Les 4/5es restant dans ces deux ordres de
dépenses sont mis à la charge du budget départemental.

Cette loi n'a pas été vue avec faveur par toutes les administrations
hospitalières, au moins en ce qui concerne l'abandon par elles des
fondations, dons et legs spéciaux aux enfants assistés. Elles allèguent
que la loi aura pour effet d'affaiblir sinon de tarir une des sources
importantes de la charité publique, les particuliers ne se souciant pas
de faire des dons à l'Etat ou aux départements. Les hospices de Lyon
et de Bordeaux arguant du silence de la loi sur ce point refusent en
outre de se charger désormais des infirmes majeurs maintenus dans
les hospices et souvent pourvus de pensions. Ils prétendent d'autre
part, que ces infirmes doivent continuer d'être assistés par l'État,
les départements et les communes et ne rentrent pas, à titre d'indi-
gents ordinaires, dans le droit commun, de l'assistance locale, c'est-
à-dire d'un domicile de secours souvent difficile à préciser.

(1) Graduées suivant le nombre des journées de présence à l'école.

peut-être pourrait-on surmonter l'indifférence ou les mauvaises dispositions du nourricier. En général, du reste, l'influence du milieu est ici prépondérante, et les enfants assistés sont dans les conditions des enfants de leur âge habitant le même département. Ils vont régulièrement à l'école si l'école est fréquentée; ils y vont moins s'il y a indifférence dans le pays. Partout le concours dévoué des instituteurs est assuré à cette grande cause.

Il convient de constater que l'instruction religieuse est beaucoup moins négligée. L'envoi au catéchisme, en vue de la première communion, a lieu même sur les points où l'école est le moins fréquentée. C'est un fait à peu près universel et presque indépendant du paiement de la prime d'instruction religieuse.

La dernière enquête évaluait à 1 sur 553, tandis qu'il est de 1 sur 693 pour la population ordinaire, le rapport maximum des élèves des hospices aux détenus des deux sexes; à 1 sur 582 contre 1 sur 1,200 le rapport maximum des filles des hospices aux prostituées inscrites.

Ces proportions qui sont loin au surplus de celles que l'opinion courante attribue aux déshérités dont nous nous occupons, seront certainement diminuées encore par une plus grande diffusion de l'instruction.

L'administration suit avec une vigilance de plus en plus grande, les enfants qui restent ses pupilles, bien qu'elle n'ait plus à payer de pension pour eux. En 1860, ce ne fut qu'avec de très-grandes difficultés et fort approximativement, vu la mauvaise tenue des registres matricules, qu'on arriva à constater que sur 133,885 mineurs soumis à la tutelle hospitalière, il y avait 58,281 pupilles de douze à vingt et un ans (1), fournissant à l'agriculture un contingent d'environ 44,000 travailleurs (2), bien précieux par ce temps de désertion des campagnes. Aujourd'hui, cette statistique présente moins de difficultés.

Chaque jour l'inspection remarque combien deviennent sérieux et même étroits les liens qui attachent l'enfant à sa famille adoptive, surtout quand elle l'a conservé depuis sa naissance. L'intérêt a été le premier mobile ; il est insensiblement remplacé par la sollicitude et l'affection. Il n'est pas sans exemple de voir de véritables adoptions, des constitutions de dot et surtout des mariages entre les enfants de l'hospice et ceux de la famille qui les a élevés ; d'autre part, on a vu les premiers prêter quelquefois à cette famille les soins et les secours qu'elle ne reçoit pas des autres. Déplacés, ils sont à peu près dans les conditions des ouvriers ordinaires. L'antique stygmate s'efface peu à peu et l'adoucissement des mœurs le fera disparaître de plus en plus.

Quant à l'épargne, on constatait lors de la dernière enquête, qu'elle était nulle dans vingt-deux départements, que dans vingt seulement la majorité des enfants avait l'habitude ou la possibilité de réserver, sur leurs salaires, quelques petites sommes ; que dans vingt autres, les adultes qui ont le goût de l'épargne, peuvent, avec de la persévérance et de l'ordre, le satisfaire ; que, dans le reste de la France, si quelques-uns économisent, la plupart n'en montrent ni le vouloir, ni le moyen. Le

---

(1) 20.483 garçons et 28.798 filles. La proportion inverse se produit dans l'effectif de un jour à 12 ans.

(2) 4.500 à peine exerçaient des professions industrielles.

depôt a lieu quelquefois chez le nourricier, le plus souvent à la Caisse d'épargne. Il est habituel, sous cette dernière forme, et est aussi fort fréquent dans les circonscriptions de l'hospice de Paris.

Il n'y a de contrats d'apprentissage réguliers que dans les placements industriels. De simples conventions verbales régissent les placements agricoles. Ces derniers, bien entendu, n'en sont pas moins, et de beaucoup, préférables aux autres; car la vie de l'atelier est, pour ces jeunes gens sans famille, aussi malsaine et aussi corruptrice que la vie rurale leur est salutaire.

Les colonies agricoles, les établissements algériens ou autres, ne se sont pas relevés du discrédit qu'ils doivent à une expérience de plusieurs années. Économiquement et moralement, les agglomérations d'enfants assistés sont mauvaises. Ils y sont malheureux, n'y gagnent pas leur vie, s'y gâtent et s'évadent. Les vicieux eux-mêmes, les indisciplinés deviennent tout à fait mauvais lorsqu'ils passent par les maisons d'éducation correctionnelle. A-t-on renoncé à les améliorer par la famille, on a préparé des recrues à la Cour d'assises et au registre de la prostitution. Sans distinction de sexe, il faut laisser à la campagne les enfants assistés.

Lorsqu'arrive l'âge de la conscription, ils se montrent assez empressés de suivre une carrière aventureuse où se confondent plus facilement sous l'uniforme toutes les distinctions d'origine. Aussi ont-ils de tout temps fourni à l'armée plus d'hommes que les enfants des familles. Ce résultat vient aussi de ce qu'ils n'ont pas, en général, à faire valoir le bénéfice des exemptions prévues par les lois sur le recrutement. Leur in-

fériorité constitutionnelle est, du reste, très-marquée.
On trouve chez eux une proportion de 52.20 0/0 entre
les élèves inscrits et les élèves reconnus propres au
service militaire; la proportion est de 60.35 0/0 pour
les enfants des familles. Indépendamment de l'impos-
sibilité morale de leur exclusion du droit commun et de
diverses raisons secondaires, c'est ce qui explique qu'on
ait, dès la fin du premier empire, renoncé à appliquer
une prescription du décret de 1811, qui mettait entièrement à la disposition de l'État les élèves des hospices. A la suite de l'insuccès des orphelinats d'Afrique,
on devait aussi, et à plus forte raison, renoncer aux
projets si souvent conçus de les affecter collectivement
à la colonisation de l'Algérie. La disette de bras en
France fait, du reste, rechercher dans les campagnes
les pupilles hospitaliers; tous nos cultivateurs déplo-
reraient leur absence; et il a été prouvé qu'au point
de vue de l'intérêt même de nos possessions africai-
nes, des essais plus considérables dans les limites où
il faudrait cependant les restreindre, tout en étant
fort dispendieux pour l'État, seraient d'un effet à peu
près nul.

Si l'ignorance, le vice, le crime ne recrutent guère
plus de victimes, nous venons de le voir, parmi les enfants assistés, que dans le reste de la population, on
sait malheureusement qu'il n'en est pas de même de
la mort. Quelle est la mesure de la différence? Ici,
d'abord, comme pour l'ensemble des enfants du premier âge, les chiffres varient singulièrement suivant
les régions, et s'ils ont donné, il y a quinze ans (1), les
proportions effrayantes de 90.50 0/0 pour la Loire-

---

(1) Rapport officiel de 1862.

Inférieure, de 87.36 pour la Seine-Inférieure, de 78.12 pour l'Eure, ils ne donnaient, à la même époque, que 11.11 pour la Creuse, 15.78 pour le Gers, 16.66 pour les Basses-Pyrénées. La moyenne était de 55 0/0. Certes, cette proportion est tristement anormale ; mais a-t-il été excessif de la trouver presque consolante quand on l'a comparée aux moyennes du temps passé : à celle de 91 0/0 citée, en 1818, par le ministre Laîné, pour la France entière dans les années 1787, 1788, 1789 (1); à celle de 75 0/0 pour les années 1815, 1816 et 1817 (2); à celle enfin de 60 0/0 indiquée pour 1824, par Benoiston, de Châteauneuf. Aujourd'hui donc, il y a déjà une certaine décroissance dans la mortalité d'un jour à un an. Un rapport officiel de 1869 constatait même que, grâce à la fixité du salaire des nourrices et à l'inspection médicale, dans le rayon de Paris, par exemple, il y avait, par rapport aux enfants envoyés en nourrice loin de la surveillance et des soins de leurs parents, un notable avantage en faveur des élèves des hospices. Dans le même rayon, la mortalité de ces élèves qui avait été de 58 0/0 de 1830 à 1858, s'était abaissée à 39 0/0 en 1864, à 30 0/0 de 1865 à 1868. Dans toute la France, la décroissance calculée entre un jour et douze ans, est universelle et sensible (3). Elle est bien autrement

(1) D'après Dulaure en 1797, sur 3,716 enfants reçus à l'hospice, 3.108 sont morts dans l'année.

(2) Citée aussi par Laîné. Il convient de dire que ces calculs n'avaient point distingué la mortalité des enfants d'un jour à un an de celle des enfants d'un jour à 12 ans.

(3) En 1872 et comptée pour la durée moyenne de leur séjour à l'hospice, la mortalité n'a été que de 2.8 0/0 pour les enfants trouvés, de 6.9 pour les abandonnés, et de 2.6 pour les orphelins. En 1871, elle était respectivement pour les mêmes catégories de 3.6.7.9 et 4.8.

accentuée encore quand on examine séparément les résultats que commence à produire le système des secours aux filles-mères. Dans la Haute-Loire, par exemple, a pu dire tout récemment un membre de l'Académie de médecine (1), dans ce département où malgré la pureté de l'air et la vigueur de la race, la mortalité des enfants légitimes s'élève encore de 12 à 16 0/0, les seuls enfants bien soignés, ceux dont la mortalité descend à 6 0/0 (j'ai dit à 6 0/0), ce sont les enfants des filles-mères secourues et surveillées. Ce résultat est assurément exceptionnel et local, mais il est loin d'être unique (2).

En 1838, l'un des membres dont s'est le plus honoré l'Académie, M. Villermé, a écrit : « Il a eu raison, celui qui a osé dire qu'on pouvait mettre au-dessus de ces maisons (les hospices) : Ici on fait mourir les enfants aux frais du public. » M. Villermé, nous le croyons, atténuerait aujourd'hui la sévérité de son jugement, même relativement aux enfants qui passent par l'hospice, et surtout il encouragerait et louerait le nouveau régime qui leur évite ce redoutable séjour.

En somme, et pour ne parler que du temps présent, les enfants temporairement secourus, si on les compare aux élèves des hospices, meurent, on ne saurait trop le répéter, dans une proportion moindre de moitié. Ceci est un argument que les écrivains qui défendent

(1) M. le docteur Devilliers (séance de la commission parlementaire du 11 décembre 1873).

(2) Dans le Finistère l'emploi des secours temporaires a fait descendre la mortalité de 51 0/0 à 13 0/0. (Rap. Roussel, p. 90).

Nous avons vu que dans la Nièvre, pour les enfants assistés du pays secourus par leurs mères, elle est descendue (en 1873) à 7 0/0 (même rapp., p. 94).

encore le tour auraient quelque peine à détruire. Du reste, devant s'appliquer aussi aux enfants assistés et se superposer en quelque sorte aux mesures spéciales dont ils sont l'objet, la loi de 1874 sur la protection des enfants du premier âge, améliorera encore tout ce qui a déjà été obtenu.

Le seul département de la Seine fournit plus du quart du nombre total des enfants assistés dans la France entière (1); il consacre à cette dépense une somme dépassant quatre millions; c'est-à-dire plus du quart de son budget. Quelques détails s'appliquant spécialement aux enfants assistés à Paris, ne seront donc pas ici hors de propos.

Sur 3.54 enfants qui naissent à Paris, il y a 1 enfant naturel (2). A égalité de naissances, le département de la Seine compte deux fois plus d'enfants naturels que les villes de province réunies, et six fois plus que les campagnes. Dans l'ensemble du pays, on compte un

(1) Il en fournissait en 1833 1/8ᵉ, en 1849 1/7ᵉ, en 1859 1/5ᵉ.

(2) Calcul établi sur les années 1864 à 1867. Il y a par contre un accroissement très-sensible du nombre des enfants légitimes ou reconnus. D'une manière précise, les enfants naturels non reconnus étaient en 1872 au nombre de 42.743 dont 11.204 dans le département de la Seine; 17.351 dans les villes de province, et 14.188 dans les communes rurales. Dans la France entière, la population en enfants non reconnus a diminué de 5 0/0 environ; c'est surtout dans les agglomérations urbaines que la diminution s'est fait sentir. Il y avait en 1872, 14.433 mariages légitimant des enfants nés antérieurement, soit 4 0/0 du nombre total des mariages. (Seine 10, population urbaine 6, population rurale 3 0/0.)

La fécondité légitime est plus faible dans le département de la Seine que dans le reste de la France; la fécondité naturelle y est au contraire 4 fois plus considérable.

enfant assisté sur 507 habitants; dans la Seine, on en compte 1 sur 144 (1), et leur nombre total était, en 1874, de 27.396 (2).

Ces divers rapprochements semblent singulièrement à la charge de Paris. Il ne faudrait cependant pas en tirer des conclusions trop rigoureuses. Ainsi, sur 3.146 admissions prononcées à Paris, en 1874, moins de 500 enfants sont nés de parents nés eux-mêmes dans le département de la Seine; 2.700 sont nés de mères venues de province pour faire leurs couches à Paris ou pour s'y établir avec ou sans esprit de retour, et l'administration a pu constater que parmi les enfants abandonnés à l'hospice de Paris, ce sont les enfants réellement Parisiens qui y sont en minorité dans la proportion de 1 sur 7.

Quoique n'ayant pas, tout au moins autant que les ouvriers des usines et des ateliers, l'excuse de la misère, et la nécessité de pourvoir aux besoins de chaque jour, malgré les chômages et la maladie, et tout en étant en fort petit nombre par rapport à ces dernières, les domestiques fournissent à elles seules le quart de ces abandons, tous, du reste, très-voulus, puisque le secours est toujours offert aux unes comme aux autres. Des causes complexes, autres que la misère, et telles que la difficulté de garder leurs enfants auprès d'elles, un affaiblissement particulier du sentiment du devoir, certains goûts de luxe, le milieu même de domesticité parisienne qui est une école véritable de démoralisa-

(1) En 1859, il y avait en France un enfant assisté pour 471 habitants ; dans le département de la Seine, un pour 125; dans l'Ille-et-Vilaine, un pour 3.520.

(2) 16.368 au-dessous de 12 ans; 10.707 de 12 à 21 ans; 361 infirmes.

tion, expliquent la conduite de cette catégorie de mères. Pour les autres, il n'est pas besoin d'autres explications que Paris lui-même, ses manufactures, ses petits ateliers, une vie isolée, affranchie de toute surveillance de la famille, accessible à toutes les séductions, à tous les hasards.

Quelques-uns des enfants admis sont rapatriés suivant les prescriptions de la loi du 24 vendémiaire an II, sur le domicile de secours, mais c'est le très-petit nombre (1).

Le chiffre de 3.146 abandons, pour 1874, peut paraître au premier abord excessif; c'est le plus bas qui ait encore été obtenu depuis vingt ans, et il ressort même d'un très-curieux travail récemment exécuté par l'administration de l'assistance, et qui, remontant bien haut dans le passé, compare les abandons depuis 1640 jusqu'à 1874, que leur marche dénote dans les dernières périodes historiques une diminution considérable et continue. Ainsi, en prenant pour unité des moyennes de cinq ans, on voit qu'il y a eu 2,375 abandons de 1690 à 1694, 3.166 de 1740 à 1744, 6.814 de 1770 à 1774, 5.838 de 1785 à 1789, 3.608 seulement de 1795 à 1799. De

(1) La jurisprudence administrative a en effet admis que si une fille vient à Paris, dans le but d'y cacher sa grossesse et de s'y fixer après ses couches, Paris doit être considéré comme lieu de son domicile habituel, et son enfant doit dès lors y avoir droit au domicile de secours. L'administration de la Seine proteste contre cette jurisprudence qui lui semble favoriser la fraude. Elle voudrait que le domicile habituel de la mère, dans le cas dont il s'agit ne pût être acquis qu'après le séjour d'une année au moins à Paris, avant ses couches. Le Conseil général a émis un vœu dans ce sens. Il désirerait aussi, que la réciprocité du remboursement des frais fût sollicitée de l'Allemagne comme elle est acceptée par les autres États.

1825 à 1829, on remonte à 5.372, et on redescend enfin par degrés successifs, à 3.599 de 1870 à 1874.

Il y a, dans ces variations, d'abord un reflet évident des événements de notre histoire générale. Ainsi les abandons, suivant une progression toujours croissante dans les années malheureuses de la fin du règne de Louis XIV, ne cessent de s'augmenter souis Louis XV, pour arriver, lors des crises financières et des grandes disettes du règne de Louis XVI, aux chiffres les plus élevés. Le maximum est atteint en 1772; il est de 7.676, proportion véritablement inouïe eu égard à la population de Paris à cette époque. La diminution est très-sensible, la chose mérite d'être notée, pendant la période révolutionnaire.

Les mesures administratives, telles que la création du tour, sa suppresion, l'institution des secours aux filles-mères se marquent aussi, bien entendu, dans ces intéressantes variations. Ainsi, en 1837, le préfet de police interdit les abandons par les sages-femmes : ils tombent immédiatement de 4.644 à 3.207.

Rapproché du chiffre des naissances, élément d'appréciation essentiel, la proportion annuelle des abandons est : de 20.25 0/0 en 1817, de 16.37 en 1831, de 8.67 en 1838, de 6.77 en 1854, de 5.57 en 1863, de 8.04 en 1871, de 4.92 en 1874.

On voit que, sauf dans l'année de la guerre et de la commune, marquée par une recrudescence qui s'explique d'elle-même, la diminution est constante et soutenue. Bientôt, sans doute, cette diminution s'accentuera davantage (1), l'Administration venant de remettre en vigueur l'interdiction faite aux sages-femmes de

(1) Il y a déjà eu dans le premier semestre de 1875 une diminution de 314.

3.

servir directement d'intermédiaires aux abandons et de les faciliter ainsi outre mesure, en enlevant à la mère le côté odieux de la présentation à l'hospice (1). Il y a à Paris cinq cents sages-femmes environ dont un trop grand nombre, il faut bien le dire, dirigées par l'amour exclusif du lucre, ne craignent pas de faire, jusque dans les départements, des appels aux filles qui veulent cacher leur grossesse et *placer*, suivant leur expression, les enfants, fruit de leur faute. C'est afin d'éviter cette sorte de mise en pension par trop singulière, c'est afin de ne plus voir, comme on l'a vu, des gens déposer leurs enfants à l'hospice pour partir plus facilement en voyage, ou des filles-mères abandonner les leurs à l'effet de se placer *nourrice sur lieu* (c'est le terme consacré) dans des familles riches que l'on refuse toujours, et avec raison, aux mères et aux familles des renseignements sur *le lieu* de placement des enfants abandonnés. On se borne à faire savoir tous les trois mois, aux mères qui en font la demande, si les enfants sont vivants. Aller au-delà, autoriser les correspondances et les relations, ce serait fortifier l'idée de la *mise en pension*, aggraver la démoralisation des mères et diminuer encore de leur part le nombre des retraits par la certitude que l'enfant est heureux et qu'elles peuvent le suivre encore par la pensée.

La proportion des abandons de la naissance à quinze jours est toujours très-élevée (plus de 51 0/0 pour la période 1869-1872-1873). De quinze jours à un mois, la proportion des abandons tombe de 51 à 6 0/0. Faire ce simple rapprochement, c'est démontrer une fois de plus, et avec une autorité décisive, la

(1) Elles doivent s'adresser désormais non à l'hospice mais à un officier de police.

valeur morale du système des secours. L'allaitement de l'enfant pendant un mois, ses premiers sourires ont créé la mère; elle a renoncé bien vite à toute idée d'abandon.

Le nombre des retraits tend légèrement à s'accroître; il s'est élevé, pendant les six dernières années, à 5.355, ou, en moyenne, à 535. Le retrait est refusé quand on n'a pas la certitude que le mobile qui en a inspiré la demande est celui du retour au sentiment maternel et non une pensée de cupidité (1). Consultés sur la demande dont ils sont l'objet, on a vu, chose digne de remarque, des enfants d'un certain âge, opter en faveur des nourriciers qui les ont élevés. Subordonnant l'intérêt financier à de hautes considérations de justice, l'Administration les laisse libres de leurs préférences pour ceux auxquels les rattachent des liens de gratitude et d'affection, et qui sont bien leurs vrais parents. Elle a trop souvent eu à constater que beaucoup de familles ne songent à se préoccuper de leurs enfants et à les réclamer que lorsque ceux-ci, ayant atteint quinze ou seize ans, peuvent leur être une source de profits. Trop souvent aussi, l'ardeur des démarches est motivée par un petit pécule qu'a accumulé, à force de travail, le pauvre enfant, ou surtout par quelque don qu'il a pu recevoir.

Les adoptions sont fort rares. Pour éviter de honteuses spéculations, on ne confie plus aux bienfaiteurs que des orphelins.

Les enfants dont les parents sont entrés à l'hôpital ou sont retenus dans les prisons, soit comme prévenus

---

(1) En 1874, sur 715 demandes de retrait, 145 ont dû être rejetées.

L'expérience démontre que la trop grande facilité des retraits fait la facilité des abandons.

soit comme condamnés, sont naturellement recueillis à l'hospice et on les appelle *les enfants en dépôt*. Leur nombre, dans une ville comme Paris, est toujours assez considérable. Il a été de 2.951 en 1874. Sur ce nombre, 1.607 ont été repris par leur famille, 172 sont décédés, 721 ont été définitivement immatriculés, et enfin 287 sont sortis pour des causes diverses. La durée moyenne de leur séjour a été de vingt-trois jours. Pour les soustraire aux influences morbides, toujours exercées par un séjour prolongé à l'hospice, on a mis à l'étude la question de leur placement à la campagne dans un rayon rapproché de Paris (1).

La durée du séjour à l'hospice, d'un séjour qui est « une cause reconnue de mort, » est, pour les enfants dont l'admission définitive est demandée, de huit jours en moyenne. Grâce à la rapidité des enquêtes, elle tend heureusement à décroître encore. Elle n'est, quelquefois, trop rarement, que de vingt-quatre heures (2). L'hospice ne doit être littéralement qu'un lieu de passage.

Des divers rouages de l'antique organisation destinée à fournir des nourrices à la population parisienne, l'un, le plus ancien, le *bureau municipal* ou *grand bureau*, qui avait eu pour objet, au début, de remplacer par un service public la vieille industrie des recommandaresses, est au moment de disparaître tout à fait.

(1) Il est question d'organiser un asile spécial dans les vastes terrains de Bicêtre.

(2) Pour abréger le séjour à l'hospice, on s'efforce aussi d'arriver à ce que les nourrices puissent partir isolément sans perdre le bénéfice des 1/2 places en chemin de fer, et ne soient plus obligées d'attendre avec un danger mortel pour les nourrissons que, « *le convoi soit complet.* »

Florissant sous l'ancien régime, à l'abri d'une sorte de privilége et ayant encore en 1820, jusqu'à 10,000 enfants sous sa surveillance, il perdit ensuite, et fort vite, de son importance devant la création de bureaux particuliers, née à la fois de la liberté du travail, de la concurrence des *meneurs* renvoyés par l'Administration et de la protection intéressée de quelques médecins et des sages-femmes. « Le bureau des nourrices, avait dit Thouret en l'an IX, doit être un véritable établissement de bienfaisance » Cette considération, tirée des intérêts de la *population pauvre* de Paris, dut céder devant la défaveur progressive du public qui, sans souci du peu de garantie que présentaient relativement les bureaux libres, et des avantages moraux et matériels que lui offrait le bureau municipal, a toujours préféré les premiers au second, et a fini par le délaisser presque complètement (1).

(1) Il ne concourt plus au placement libre des enfants en nourrice que dans les proportions de 657 sur 12.000.

L'administration a cependant lutté avec persévérance contre cette concurrence redoutable. Depuis 1851, elle a même garanti et payé effectivement à ses nourrices à défaut de paiement par les parents un salaire mensuel de 15 fr. pendant dix mois. Cette mesure louable dans ses intentions a amené le résultat suivant : La catégorie des familles pauvres, clientes presque exclusives du bureau municipal cessant trop souvent d'acquitter la pension, l'administration devait se substituer à la famille et la nourrice ne recevant plus alors que 15 francs par mois au lieu du prix de nourriture généralement fixé à 20 francs, n'offraient plus leurs services qu'aux bureaux particuliers, dont d'ailleurs elles redoutaient moins la surveillance malgré les diverses ordonnances de police qui l'organisent et notamment celles du 14 septembre 1842. Il avait donc fini par résulter de cette création excellente dans ses débuts « une espèce de démoralisation pour la population en même temps qu'une charge énorme pour les

Peut-être est-ce l'intervention même de l'Assistance
publique qui, leur semblant blessante pour leur amour-
propre, a aussi offusqué et éloigné les familles aisées.
Quoi qu'il en soit, sollicitée dès 1863 par des repré-
sentants autorisés de l'Assistance, demandée officielle-
ment en 1866 par son directeur, qui ne la considérait
plus que comme « un instrument usé ne pouvant plus
fonctionner pour le bien, » réclamée tous les ans depuis 1872 par le Conseil général de la Seine, la suppression du bureau municipal est au moment d'être prononcée et il sera pourvu à son remplacement par une
organisation moins défectueuse.

Quant aux bureaux particuliers qui, du reste, ont
cherché à s'améliorer, et dont quelques-uns ont même
sollicité spontanément l'intervention des Sociétés protectrices de l'enfance, l'application de la loi de 1874,
qui rend universel le contrôle sur les enfants placés en
nourrice, fera disparaître le danger principal de leur
fonctionnement qui est de promettre aux parents une
surveillance sérieuse de leurs enfants quand, en réalité,
elle est purement nominale. Relativement à la prime
qu'en reçoivent les sages-femmes et une certaine frac-
tion des médecins de Paris, prime que l'ensemble du

finances municipales. » En 1874 la subvention proprement dite a
dépassé 565,000 francs et en réalité la dépense s'est élevée à 798,000
sans compter l'affectation d'un immeuble d'un million.

Ce serait sortir du cadre restreint de ce travail, que de parler et
des primes payées administrativement aux sages-femmes (et qui ont
entraîné tant d'abus); et de l'expédient des *bons* de un ou deux
mois de secours à l'aide desquels l'Assistance, pour atténuer les con-
séquences funestes de son système, faisait porter les enfants aux
bureaux particuliers et les faisait placer par ces bureaux ; expédient
blâmé (en 1872) par le conseil général de la Seine.

corps médical déclare contraire à toute dignité professionnelle, et qui est de plus, un coupable et très-
dangereux encouragement à l'allaitement mercenaire,
on doit faire des vœux pour que son usage disparaisse
de plus en plus (1).

La commission législative de 1874 a semblé ne pas
considérer l'existence des bureaux comme un mal nécessaire pour en éviter un pire, c'est-à-dire l'accroissement des placements clandestins, et elle n'a pas été
loin d'émettre la pensée qu'il conviendrait de les sup-
primer réglementairement en les rachetant et de les
remplacer par un bureau central organisé comme un
service public. Nous croyons qu'une telle mesure n'est
pas d'ordre législatif et qu'elle serait contraire à la
liberté de l'industrie.

Les bureaux ont placé jusqu'ici au-delà de 10,000 enfants
tous les ans; les parents directement et en dehors de toute
surveillance administrative, sans doute, plus de 6,000.
La plupart de ces derniers ne méritent pas, d'ailleurs,
le reproche d'indifférence profonde sur le sort de leurs
enfants, trop souvent adressé à la population parisienne.
Ils viennent, en général, demander tous les mois, des
nouvelles qu'ils ne peuvent aller chercher eux-mêmes,
vu l'éloignement et la dépense. Si, dans le rayon de
Paris, il existe, suivant l'expression d'un médecin, « de
véritables maisons mortuaires, où le rapport est en
raison directe de la mortalité, » et où, même avec
l'aide du maire, on ne peut parvenir à se procurer les

---

(1) La concurrence entre les divers bureaux est la vraie raison
d'être de la prime, et il est à craindre que cette raison capitale
suffise pour la faire maintenir.

adresses des parents (1), ce sont de fort rares exceptions.

Les placements des enfants apportés à l'hospice dé-
positaire de Paris, étaient, récemment encore, répartis
dans treize départements; mais, à cause des inconvé-
nients de la distance et de ceux, plus graves encore,
de l'encombrement, ils ne le sont plus que dans dix (2),
formant vingt-deux circonscriptions, confiées chacune,
quant à la surveillance et aux rapports avec les médecins, à des agents de l'Assistance publique. Chacun de
ces agents a, en moyenne, à surveiller 1,000 à 1,200 enfants. La sphère d'action de quelques-uns dépasse notablement ce nombre. C'est beaucoup peut-être (3) : et
il serait difficile, ce semble, comme l'idée a pu en être
suggérée par des motifs d'économie, de réduire encore

(1) *Bulletin de la Société de protection de l'enfance*, n° de mai-
juin 1873, p. 44.

(2) L'Allier, la Côte-d'Or, l'Ille-et-Vilaine, le Loir-et-Cher, la
Nièvre, le Pas-de-Calais, Saône-et-Loire, la Sarthe, la Saône et
l'Yonne. (Les trois autres étaient le Nord, l'Aisne et l'Eure-et-Loir.)
En 1813, l'Assistance comptait des pupilles dans seize départements et cinquante-sept arrondissements. Les préposés d'aujour-
d'hui n'existaient pas; c'étaient les meneurs eux-mêmes qui étaient
chargés de payer les nourrices à domicile et de produire les justifications de paiement. Ces justifications étaient si insuffisantes qu'en
1818 on découvrit que 11,000 enfants environ, les uns morts depuis
un temps plus ou moins long, les autres n'ayant jamais existé,
étaient portés sur les contrôles et donnaient lieu à un vol évalué
à 300,000 francs par an.

(3) Ainsi la Nièvre compte près de 7,000 enfants de la Seine, répartis dans quatre services. La seule division de Château-Chinon
dépasse 2,000 enfants répartis dans plus de soixante communes
avec des distances allant jusqu'à 87 kilomètres.

par agglomération le nombre des circonscriptions. Les
bonnes nourrices devenant rares par la concurrence,
les hauts prix demandés aux familles riches et, dans
dans certaines localités, par le perfectionnement des
cultures et l'introduction de certaines industries, qui
procurent aux femmes de meilleurs salaires, ne con-
viendrait-il pas, au contraire, de créer des circonscriptions nouvelles? D'ailleurs, et suivant un vœu
plusieurs fois émis par le Conseil général de la Seine,
désireux d'éviter par un contrôle direct toute confusion
irrégulière entre les dépenses départementales et les
dépenses purement hospitalières, et de voir assimiler
à cet effet le régime de la Seine à celui des autres départements, un service d'Inspection départementale (1)
vient d'être récemment créé. Placé au-dessus des préposés actuels et ajoutant ses efforts aux leurs, il est
déjà le plus puissant des auxiliaires pour l'amélioration de ce vaste et si important service.

16.207 élèves au-dessous de 12 ans, 10.641 au-dessus
comportent bien en effet une surveillance fortement
organisée. A ces 27.000 pupilles viennent s'ajouter les
enfants secourus, car nous n'avons pas besoin de le dire,
le système des secours temporaires est aussi en vigueur
à Paris. Il y fonctionne depuis 1860 soit sous forme de
secours en argent comme dans les départements, soit
sous forme de secours en nature (2). En 1872, le nombre
des enfants secourus était de 25.208. En 1873, il s'é-

(1) Le Conseil général, se fondant sur la loi du 5 mars 1860 qui
met « les frais d'*inspection* et de *surveillance* » à la charge de l'Etat,
lui réclame le remboursement annuel de ces frais qui dépassent
200,000 francs. Actuellement l'Etat ne paie que les frais d'inspection.

(2) Layettes ou *bons de nourrices*.

leva tout d'un coup à 38.962, dont 13.729 de moins d'un an. Cet énorme et subit accroissement provoqua les plus vives observations de l'Assemblée départementale qui se refusa à admettre qu'il y eût eu à Paris en un an 38.762 enfants sérieusement menacés d'abandon, ce qui constituait un nombre supérieur de 13.000 à la population tout entière des enfants assistés d'un jour à 21 ans. Comment admettre, fut-il dit « que sur 55.905 enfants qui sont nés à Paris en 1873, il y en ait eu 13.729, c'est-à-dire le quart qui fussent au moment d'être délaissés ? » Comment surtout admettre l'imminence de l'abandon des 25.233 autres, âgés de plus d'un an ? L'explication demandée réside dans une certaine confusion entre les secours aux familles simplement indigentes (1) qui sont à la charge de l'Assistance, et les secours pour prévenir un abandon certain qui sont une dépense d'ordre départemental. Les chiffres incriminés ne s'appliquaient évidemment pas à la question de l'abandon.

Exclusivement préoccupée du désir de remplir avec fidélité sa grande mission, l'Assistance publique reconnut franchement (2) que « la distribution n'avait pas été faite avec le soin et la maturité désirables, » et, très-persuadée elle-même de la fécondité du régime des secours, elle s'efforce de plus en plus, sous le contrôle accepté par elle et incontestablement utile de l'Inspection départementale de « se garantir contre le retour des fautes et des erreurs commises. » Dès 1874, la réduction a été énorme, puisque 8.661 en ·

(1) Régulièrement les seuls enfants qui puissent être secourus comme enfants assistés; sont les enfants nés hors mariage ou de parents inconnus, les enfants de condamnés et les orphelins pauvres.

(2) Rapport pour 1874, p. 40.

fants seulement ont été secourus. Il n'y en a eu également que 4.503 pendant le premier semestre de 1875.

La moyenne du secours n'atteint pas 24 fr. C'est donner sans doute encore à trop d'enfants un trop mince secours. Ce n'est pas une pareille somme qui déterminera jamais une femme à renoncer au projet sérieusement conçu d'abandonner son enfant. Ce qu'il faut ici, c'est concilier la nécessité de ne pas accorder des sommes trop minimes, ne servant qu'à encourager la paresse et le vice, avec celle de ne laisser se produire aucun abandon qu'on eût pu éviter. La tâche est assurément difficile à remplir, car dans beaucoup de cas la mère est convaincue que la seule justification de l'accouchement lui donne un droit absolu tout au moins à une layette et au paiement du premier mois d'entretien ; mais elle n'est pas au-dessus des forces et du dévouement de ceux à qui elle incombe. Ce qui doit dominer au surplus toute considération d'économie mal entendue, c'est qu'il a été reconnu que même lorsque l'abandon se produit après le paiement des premiers mois du secours, on a encore dépensé moins d'argent que si on avait, dès la naissance, admis l'enfant au nombre des enfants assistés. Dans ces diverses données, ce service est loin d'avoir reçu encore à Paris toute l'extension qu'il pourrait et devrait avoir (1).

Nous avons déjà produit dans le cours de ce travail bien des calculs de mortalité. Cette sorte de mono-

(1) Les femmes qui travaillent dans leur intérieur et dont le nombre s'accroît sur certains points, et notamment dans la banlieue annexée, par l'usage de la machine à coudre et l'exercice de petites industries acceptent, paraît-il, assez volontiers le secours. Il convient qu'on ne l'accorde que si la mère allaite elle-même ou confie son enfant à une *nourrice à lait.*

graphie des enfants assistés de Paris en comporte cependant encore quelques-uns. On peut se féliciter du résultat de certaines de ces constatations, il serait difficile de ne pas déplorer les autres. Au nombre des premières, reconnaissons que la mortalité des élèves placés à la campagne et calculée sur l'ensemble des 12 premières années de leur vie tendrait à décroître, car la proportion pour 100 décès qui s'était élevée à 7.56 pendant les dix dernières années n'aurait été que de 5.10 en 1874. Parmi les constatations au contraire éminemment douloureuses et se rapportant cependant à la période tout à fait actuelle, postérieures même à la présentation du projet de loi sur la protection de la première enfance, il faut enregistrer les suivantes (1):

En 1866 la mortalité des nourrissons du bureau municipal était de 27 0/0 ; elle fut de 30 0/0 environ jusqu'en 1870, de 23 0/0 en 1871. Tout d'un coup en 1872, 1873 et en 1874 elle monte à 41 et 42 0/0 c'est-à-dire presque au double ! disons plus : pendant que dans la même circonscription, certains groupes d'enfants ne meurent que dans une proportion de 8, de 14, de 15, de 22 0/0, des groupes voisins confiés en même temps, le même jour à l'Assistance, ni plus ni moins robustes que les premiers s'effondrent dans les proportions de 37, de 49 et même 62 et 66 pour 0/0. 62 0/0 pour les uns, 15 0/0 pour les autres (2) ! Que s'est-il donc passé ?

(1) Nous ne parlons pas de l'accroissement trop compréhensible de mortalité à l'hospice, pendant le siége et pendant la commune. En revanche, à la même époque, les nourrices du Morvan ne pouvant pas venir vendre leur lait aux enfants riches de Paris, furent *obligées* de nourrir les leurs propres, et jamais la mortalité de ces derniers ne fut moindre (17 0/0 au lieu de 33).

(2) A Nogent-le-Rotrou, à Argentan, à Tonnerre, à Mortagne.

Quelle peut être la cause d'une si lamentable différence?
Cette cause est celle-ci : les premiers groupes ont reçu
des *nourrices au sein;* les seconds, qualifiés arbitrai-
rement enfants en sevrage, des *nourrices sèches* ou
gardeuses. Sur 3.561 enfants *secourus* — est-ce le mot
propre ? — dans une année, 2.140 ont reçu les soins des
premières, et 1.421 seulement les soins des secondes.
Dans la plus louable intention et pour ne pas le laisser
en partie comme par le passé aux bureaux particuliers,
on a confié tout d'un coup au bureau municipal le soin
de pourvoir au placement des enfants de filles-mères (1)
et le bureau municipal se jugeant encombré (2) et ne
croyant plus trouver dans ses circonscriptions un

Le rapport officiel cite même le chiffre de 75 à 80 0/0 dans certains
milieux. (Rapport de M. Clémenceau pour 1874. Rapp. Roussel,
p. 210.)

Pour ce qui concerne Paris, les rapports annuels de la direction
de l'Assistance et ceux de M. Clémenceau au Conseil général depuis
1871 ; pour l'ensemble de la question, le rapport considérable rédigé
en 1862, par M. Durangel sur l'enquête générale de 1860 et celui
de M. le docteur Roussel à la Chambre (1874) sont au premier rang
des documents à consulter.

(1) L'enfant tout a fait abandonné a reçu à l'hospice une nourrice
au sein. L'enfant de la femme qui n'a pas été insensible à l'appel
fait à ses sentiments maternels, a reçu au contraire dans deux cas
sur trois une simple gardeuse. On pourrait même craindre que la
mortalité ait été encore plus forte que celle accusée par le tableau,
car le calcul ne porte pas sans doute sur les enfants qui, après avoir
été confiés aux *sevreuses,* ont été ensuite définitivement abandonnés
par leurs mères et envoyés alors dans les circonscriptions des
enfants assistés, où ils ont dû arriver avec assez peu de chances de
survivre.

(2) Obligé en outre de fournir des nourrices au public payant,
qui enlève naturellement les meilleures.

nombre suffisant de vraies nourrices s'est cru obligé
tout d'un coup aussi d'admettre l'intrusion jusque-là
sans exemple des nourrices sèches, et une funeste dépopulation s'en est aussitôt suivie. Sur les enfants élevés
au biberon, 51.55 0/0 sont morts en 1872, 49.51 0/0 en
1873, 42.59 0/0 en 1874.

Nous ne pouvions taire ces faits que tout le monde
et surtout l'administration de l'Assistance déplore et
qui ne se renouvelleront plus dans une organisation
plus centralisée du service et en outre par exemple
lorsque, suivant les vœux de l'Assemblée départementale les circonscriptions où l'on recrute les nourrices
auront été augmentées ainsi que le taux des secours
accordés aux filles-mères pour prévenir l'abandon (1).

(1) Le Conseil demande aussi qu'au lieu de donner aux nourrices
un bon, c'est-à-dire une garantie d'un mois, on leur garantisse de
suite le paiement de cinq ou six mois, paiement auquel le plus souvent on est obligé d'arriver plus tard. L'augmentation du nombre
des nourrices au sein et par conséquent une moins grande difficulté
de choix pourrait aussi se trouver sans accroître le nombre des circonscriptions dans une nouvelle élévation du tarif des pensions qui
faciliterait aux agents locaux les moyens de recrutement des convois.
Le tarif est pour la première année de 18 francs par mois. Il serait
à désirer qu'il pût être fixé à 20 francs au moins.

Depuis quelque temps les cas d'infection syphilitique des nourrices
par les enfants, deviennent de plus en plus fréquents. La justice vient
de décider que l'administration qui du reste accorde toujours dans
ce cas des allocations supplémentaires, n'est pas rigoureusement
responsable. Le recrutement des nourrices, surtout des nourrices
sédentaires, plus exposées, trouvera dans la fréquence de ces acci-
dents une difficulté de plus. M. le docteur Monot déclare avoir été
témoin en 1873 dans un petit village de la Nièvre, d'une véritable
épidémie de syphilis qui, s'était propagée sur environ 30 personnes
et provenait d'un seul nourrisson !

L'ensemble des dépenses du service qui ne dépassait guère 1,200,000 fr. en 1816, 1,500,000 fr. en 1840 et 2 millions en 1854 a été de 4,238,000 fr. en 1874. Quelques centaines de mille francs affectées à de nouvelles augmentations du salaire des nourrices du premier âge et à la quotité du secours trouveraient ici la plus féconde des applications.

Telle est dans ses grandes lignes, soit pour la ville de Paris dont nous venons de voir les charges et les ressources exceptionnelles, soit pour le pays tout entier l'organisation actuelle du service des enfants assistés. Telles sont les solutions de fait apportées aux points théoriquement en litige; tels les progrès accomplis et l'énoncé des problèmes restant à résoudre. Certes nous sommes encore en face de bien des lacunes, en face de défaillances même et de misères de plus d'un ordre. Mais serait-il vrai que dans son ensemble, ce qui est ne constitue pas une immense amélioration sur ce qui était, et n'y a-t-il dans tout ce que nous avons rapidement décrit que des programmes, de vaines promesses administratives et non des faits positifs et louables? Un économiste distingué, correspondant de cette Académie, M. de Molinari a très-récemment écrit (1) que la véritable solution de la question des enfants assistés serait dans l'accroissement du nombre des reconnaissances et dans la diminution des naissances illégitimes, et s'appuyant sur l'exemple de l'Angleterre, des États-Unis, de l'Allemagne, de la Suisse, il demanderait ce double résultat à la suppression de l'article du code qui interdit la recherche de la paternité. Sans entrer en quoi que ce soit dans ce

(1) *Revue des Deux-Mondes* du 1ᵉʳ décembre 1875.

4

grave débat, il est parfaitement évident que la question des enfants assistés serait fort vite résolue si d'une manière ou d'un autre il n'y avait plus ou à peu près plus ni enfants naturels, ni enfants abandonnés, c'est-à-dire pas d'enfants susceptibles d'être assistés. Mais, en attendant le jour indéterminé où le législateur s'occupera de la réforme de l'article 340 du code civil et où « le troupeau infortuné des enfants assistés, » suivant l'expression de M. de Molinari, se réduira par cette réforme dans des proportions plus ou moins fortes, sur un million de naissances, il y en a annuellement 75,000 d'enfants naturels et défalcation faite du tiers reconnu par la mère et du 14e par le père, il reste aussi annuellement 50,000 enfants environ qui viennent, se plaçant dans ses divers cadres, alimenter l'infortuné troupeau. Eh bien ! ce « troupeau » tant qu'il existe tel quel, ne mérite-t-il pas qu'on s'occupe sans illusion, sans découragement, pratiquement enfin de son sort présent, et abstraction faite de réformes légales éventuelles et incertaines?

M. de Molinari se référant à la mortalité encore si fâcheuse, si amoindrie cependant des enfants assistés, s'écrie : « Faut-il s'étonner de cette mortalité, faut-il même s'en affliger? La destinée de ces pupilles de l'administration est-elle si enviable? Ne nous hâtons pas de les plaindre; la vie qui se prépare pour eux sera si dure! » Et alors, fondant ses jugements relativement au temps actuel sur des chiffres et des faits à peu près tous fort anciens, sur des faits de 1821, 1837, 1848, M. de Molinari après avoir déploré l'absence quasi absolue d'instruction où on laissait les enfants, la brutalité des nourriciers qui leur faisaient exclusivement et sans autre souci garder leurs bestiaux, la

modicité du salaire de ces gardiens (1), toutes choses fort
améliorées depuis, finit par citer comme trait caracté-
ristique la réponse, — elle n'est pas d'hier non plus, —
faite à M. de Watteville par une paysanne de la Beauce,
à qui il demandait pourquoi elle avait renoncé au
métier, « c'est que je trouve à présent plus de profit à
élever des porcs. » Cette réponse faite, paraît-il, « sans
sourciller, » par la naïve campagnarde, peut jeter une
lumière plus ou moins précise sur un passé lointain ;
mais nous croyons vraiment qu'il serait regrettable
que le public et les lecteurs de la *Revue des Deux-
Mondes* se fissent sur un jugement si rapide, et d'ailleurs incident une idée de tout ce qui est tenté, et
obtenu aujourd'hui pour adoucir le sort des pauvres
enfants assistés.

Il n'est pas impossible du reste que les idées de responsabilité et de vraie moralité qui ont fait abandonner
les tours, et qui n'étaient plus depuis longtemps aussi
hautement contestées qu'autrefois, soient bientôt de
divers côtés l'objet de nouvelles attaques.

Dans toutes les questions on peut relever des faits
isolés, douloureux, des cas individuels susceptibles de
provoquer l'émotion. Si on les accumule systémati-
quement, si on les présente comme une moyenne
d'observations, quand ils ne sont que des exceptions
inévitables et inhérentes à la nature des choses ; si
surtout on passe sous silence les faits de même ordre,
non moins pathétiques à coup sûr que produirait, et en
bien plus grand nombre quelquefois, le système que l'on
combat, on peut provoquer, tout au moins chez ceux

(1) 4 francs par mois en 1848, — 18 francs aujourd'hui.

qui ne savent pas, un mouvement d'intérêt et d'adhésions irréfléchies.

Un homme, dont le nom a été souvent cité il y a quelques années dans les discussions relatives à la mortalité des enfants et qui s'est livré sur ce sujet à une polémique extrêmement ardente, M. le Dr Brochard, vient de publier un travail s'intitulant *la Vérité sur les enfants trouvés,* dans lequel, à titre d'argument en faveur du rétablissement des tours, il dénonce le système actuel des secours aux filles-mères comme la plus grande des erreurs administratives, comme une œuvre immorale, inhumaine, illégale en outre et coûtant la vie à des milliers de nouveau-nés. Dans cet écrit dédié « à la presse » et l'adjurant de saisir l'opinion publique de la question, nous lisons que le système actuel ne « fait aucun cas de la vie humaine, » que les nourrissons y sont sacrifiés comme de « simples entités budgétaires, » sans doute parce qu'aux yeux de l'administration ils n'ont « aucune valeur vénale, ne paient aucun droit d'octroi, et nuisent au développement de la vicinalité et des concours d'animaux » parce qu'enfin ils ont le malheur « d'appartenir aux administrations départementales, au lieu de dépendre du jardin des plantes, ou du jardin d'acclimatation » qui les entretiendraient et les conserveraient bien autrement. Dans certaines gares du Midi, on voit d'après l'auteur, des enfants « dont les moins malheureux sont portés en Espagne, où ils sont exposés, dont les autres sont enfouis dans les sables des Landes où on ne les retrouvera jamais. » La pratique actuelle est « de la philantrophie au rabais » qui « déshonore la charité. » Les conseils généraux sont plus coupables encore que les inspecteurs départementaux parce qu'ils sont indépendants ; « plus coupables même les administrations hospitalières qui n'ont su ni conserver ni revendiquer les priviléges que leur donne la loi. » « Les préoccupations électorales et les rivalités d'opinion absorbant tout les moments des administrations départementales, et ne permettant de donner chaque année que quelques instants bien courts aux enfants assistés, » ces enfants dont pas un préfet ne connaît la situation, « succombent en masse sans savoir à qui ils appartiennent. » *Deux cent mille* nouveau-nés meurent tous les ans *faute de soins*. « Depuis 20 ans, la France a perdu *par sa faute* quatre millions de nourissons, depuis 30 ans dix millions. » L'éducation physique que l'on donne aux enfants assistés ne peut manquer de réagir sur leur constitution, et ce n'est pas (comme on pourrait le croire), au moins en partie aux tristes conditions de leurs origine, c'est à ce manque de soins qu'il faut attribuer la fâcheuse proportion « des exemptions pour infirmités ou pour défaut de taille. » Il en serait autrement si le service des enfants assistés appartenait au ministre de la guerre, au lieu de dépendre du ministre de l'intérieur. Enfin le prétendu désir affiché par certains inspecteurs départementaux, de favoriser l'allaitement maternel, ne serait qu'un « moyen commode de se débarrasser des enfants secourus et de ne pas avoir à les surveiller,» et il régnerait au surplus une sorte de terreur sur ceux qui voudraient dire la vérité dans ces questions (1) et qui ne l'osent.

Quelles que puissent être les intentions philantro-

(1) P. 237, 364, 339, 364, 253, 270, 337, 361, 218, 256.

piques de l'auteur, et son écrit dût-il, au moins dans la presse périodique, servir de point de départ à une campagne contre ce qui se pratique actuellement en matière d'enfants assistés, il nous semble qu'il serait difficile à la discussion de le suivre, même pour les réfuter dans les exagérations de sa polémique (1).

Non, tous les faits que nous venons de retracer protestent contre l'exactitude et l'équité d'appréciations de cet ordre. Répétons-le quant à nous, et sans insister davantage sur les jugements qui précèdent : la principale comme la plus pressante des difficultés à surmonter immédiatement consiste toujours dans la recherche patiente, infatigable de tous les moyens de réduire une mortalité que, toute question d'humanité écartée, la France ne peut plus supporter sans un dommage redoutable. L'enfant qu'une sorte de fatalité semblait avoir condamné avant sa naissance a droit à la vie, il a droit aussi à sa mère. Le pays de son côté a droit à tous ses enfants. Ces trois mots dont les deux premiers sont la formule différente de la même pensée, dont le troisième est l'expression d'une nécessité nationale évidente, résument la direction qui nous semble devoir être donnée de

---

(1) Elle contient aussi des inexactitudes matérielles. C'est ainsi que dans plusieurs parties de son travail, l'auteur prétendant établir qu'il y a, tous les ans, 50.000 décès d'enfants assistés du premier âge, semble prendre pour base de ses calculs, le chiffre de 148.000 enfants constaté pour 1859, lors de l'enquête de 1860, tandis qu'il aurait pu voir dans la statistique annuelle du ministère du commerce, qu'il n'y en avait plus en 1872 que 98.000.

plus en plus à cette œuvre de justice sociale, l'œuvre des enfants assistés.

Lorsque l'abandon ne peut absolument être évité, on est généralement d'accord pour ne plus voir dans ces enfants un élément particulier à utiliser au profit de systèmes quelconques où la vie collective remplace la vie individuelle; on reconnaît qu'il faut créer à l'enfant abandonné une famille à l'image de celle qui l'a répudié ou qui lui manque ; qu'il faut l'écarter des agglomérations industrielles, le mêler à la population, à la population rurale où même infirme il sait rendre quelques services, où valide il est de plus en plus recherché, où élevé avec satisfaction et profit il a l'inappréciable avantage de se fondre, aidé de l'égalité civile, dans la masse profonde des travailleurs. Mais l'objectif qu'il faut surtout poursuivre désormais, le but idéal vers lequel, suivant nous, l'on doit tendre, c'est d'arriver à organiser le service des secours aux filles-mères, de telle façon que ce secours devienne de plus en plus la règle habituelle, nous ne disons pas la règle aveugle et inconsciente ; que les enfants soient mis pour ainsi parler en nourrice chez leur propre mère (1); que la proportion entre les frais de pension et les fonds de secours se trouve renversée au bout d'un certain nom-

---

(1) Déjà, certains départements continuent le secours pendant quatre ans. D'autres, sous le rapport des tarifs, ne font pas de différence entre les secours temporaires et la pension payée aux nourrices, et ils accordent des layettes. L'assimilation ne pourra se produire que peu à peu. On pourrait aussi donner des primes aux mères qui auront allaité au sein. Il convient enfin d'exercer une surveillance suffisante pour que le secours ne soit pas détourné de son but.

bre d'années (1); que le placement enfin dans des familles étrangères devienne alors une exception, exception d'ailleurs inévitable, mais de plus en plus rare.

Ainsi, l'allaitement maternel sera obtenu et par conséquent la mortalité infiniment diminuée. Ainsi, l'enfant sera sauvé par la mère, et la mère par contre,
moralisée, c'est-à-dire aussi sauvée par l'enfant.
Ainsi, bien des fautes seront réparées, bien des
unions illicites deviendront régulières. Ainsi, en
outre, puisque dans les questions sociales, on ne
peut jamais faire abstraction absolue des considérations financières, ainsi une économie notable sera con-
quise (2). Cette prévision, au surplus, ne dût-elle pas
se réaliser et dût-on, pour atteindre le but, pour amener la plupart des mères à conserver leurs enfants, et
surtout à les allaiter quand elles le peuvent, consa-
crer aux secours, en en accroissant la durée et au
besoin la quotité, la totalité du budget actuellement
affecté à l'ensemble de la dépense, il n'y aurait pas à
le regretter. Ce n'est pas dans cette donnée, ce n'est pas
en vivifiant ainsi au lieu de la détruire comme on l'a
prétendu, l'œuvre de saint Vincent de Paul, qu'on aura
à craindre l'application du mot de Necker (3): « On ne
peut se défendre d'un sentiment pénible, en observant
que l'augmentation des secours pour sauver les enfants trouvés, diminue les remords des parents et accroît le nombre des enfants abandonnés. » Ici, dans
cet accomplissement patient et méthodique d'une

(1) Actuellement de 9 à 1 dans la Seine.

(2) L'administration évalue même à 2.500.000 francs au lieu de
10.000.000 la dépense annuelle, si, par hypothèse, le service pouvait tout entier se modifier ainsi.

(3) Dans un ouvrage sur l'administration des finances (1784).

grande tâche et avec l'aide de la loi nouvelle sur la protection de la première enfance, le nombre des abandons s'atténue de plus en plus, la mère est protégée contre l'oubli de son nom de mère, la société contre le reproche d'imprévoyance, le pays contre une des causes notables qui amèneraient un jour et réellement sa dépopulation.

Les problèmes sociaux ne sont jamais résolus au sens propre et littéral du mot; — ils ne comportent que des améliorations graduelles et successives. — La civilisation peut toujours demander à la science, à l'expérience, au dévouement, des efforts nouveaux; mais on peut encourager les initiatives privées et collectives, et louer sans scrupules les pouvoirs publics, lorsqu'en dehors de tout esprit de système et avec le seul amour du bien, ils sont virilement entrés dans une voie au bout de laquelle il y a d'aussi grands progrès pour le rehaussement moral des individus, pour l'humanité et pour la patrie.

ORLÉANS. — TYPOGRAPHIE ERNEST COLAS.

DU MÊME AUTEUR

Études sur les Sociétés de Secours mutuels.
— Un volume in-12, 3 fr. 50. — Paris, GUILLAUMIN. —

Le Compagnonnage. — Brochure. — Paris, GUILLAUMIN.

Le Paupérisme et les Associations de prévoyance. — NOUVELLES ÉTUDES SUR LES SOCIÉTÉS DE SECOURS MUTUELS : Histoire, Économie politique, Administration. Couronné par l'Institut (Académie des Sciences morales et politiques). — Un volume grand in-8°. 7 fr 50. — Paris, GUILLAUMIN.

Les Friendly Societies anglaises. — Brochure. — Paris, GUILLAUMIN.

Le Paupérisme et les Associations de prévoyance. — Deuxième édition, refondue, considérablement augmentée et accompagnée d'une Étude sur les SOCIÉTÉS COOPÉRATIVES : Consommation, Production, Banques de Crédit populaire. Couronné par l'Institut. — Deux volumes grand in-8°. 15 francs. — Paris, GUILLAUMIN.

DÉPOSITION DANS L'ENQUÊTE SUR LES SOCIÉTÉS COOPÉRATIVES — 1866.

La Liberté de l'Imprimerie et de la Librairie. — Brochure. — Paris, GUILLAUMIN.

La Fusion des Services de Voirie départementale et vicinale. — Brochure.

La Législation et l'Administration des Hôpitaux et Hospices. — Brochure.